权威读本

U1074594

中华人民共和国
职业病防治法
解读

（第二版）

全国人大常委会法制工作委员会社会法室　编著

中国法制出版社
CHINA LEGAL PUBLISHING HOUSE

目　录

第一章　总则 …………………………………………………… 1
第一条　【立法宗旨】 ………………………………………… 1
第二条　【适用范围】 ………………………………………… 7
第三条　【工作方针、机制和管理原则】 ………………… 14
第四条　【职业卫生保护】 ………………………………… 17
第五条　【职业病防治责任制】 …………………………… 23
第六条　【用人单位主要负责人的责任】 ………………… 26
第七条　【参加工伤保险的义务】 ………………………… 28
第八条　【职业病防治技术政策措施】 …………………… 31
第九条　【职业卫生监管体制】 …………………………… 34
第十条　【职业病防治规划和工作责任制】 ……………… 41
第十一条　【职业病防治宣传教育】 ……………………… 44
第十二条　【职业卫生标准】 ……………………………… 45
第十三条　【检举和控告】 ………………………………… 48
第二章　前期预防 ……………………………………………… 51
第十四条　【用人单位的一般义务】 ……………………… 51
第十五条　【职业卫生要求】 ……………………………… 52
第十六条　【职业病危害项目申报】 ……………………… 55
第十七条　【建设项目职业病危害预评价】 ……………… 60

第十八条　【建设项目职业病防护设施“三同时”制度】 …… 66
第十九条　【特殊作业管理】 …… 69
第三章　劳动过程中的防护与管理 …… 73
第二十条　【职业病防治管理措施】 …… 73
第二十一条　【职业病防治资金投入】 …… 76
第二十二条　【职业病防护设施和防护用品】 …… 78
第二十三条　【更新技术、工艺、设备、材料】 …… 79
第二十四条　【公布职业病防治情况、设置警示标识和警示说明】 …… 81
第二十五条　【有毒有害工作场所防护】 …… 83
第二十六条　【职业病危害因素检测、评价】 …… 86
第二十七条　【对职业卫生技术服务机构的监督】 … 90
第二十八条　【提供可能产生职业病危害的作业】 … 92
第二十九条　【提供产生职业病危害的化学品、放射性物品】 …… 94
第三十条　【明令禁止的设备和材料】 …… 97
第三十一条　【转移作业】 …… 99
第三十二条　【不得隐瞒职业病危害】 …… 100
第三十三条　【订立劳动合同时告知职业病危害】 …… 101
第三十四条　【职业卫生培训】 …… 105
第三十五条　【职业健康检查】 …… 108
第三十六条　【职业健康监护档案】 …… 112
第三十七条　【职业病危害事故】 …… 115
第三十八条　【未成年工和女职工的保护】 …… 117
第三十九条　【职业卫生保护权利】 …… 119

第四十条　【工会组织权利】 …………………… 123
第四十一条　【职业病防治费用】 ………………… 126
第四十二条　【监督检查】 ……………………… 127
第四章　职业病诊断与职业病病人保障 ……………… 129
第四十三条　【诊断机构的条件】 ………………… 129
第四十四条　【诊断机构的选择】 ………………… 133
第四十五条　【诊断鉴定和伤残等级鉴定办法】 …… 135
第四十六条　【职业病诊断】 ……………………… 137
第四十七条　【提交材料的义务】 ………………… 140
第四十八条　【不提供材料的后果】 ……………… 143
第四十九条　【确认劳动关系】 …………………… 146
第五十条　【职业病报告】 ……………………… 149
第五十一条　【职业病统计报告】 ………………… 153
第五十二条　【职业病鉴定】 ……………………… 155
第五十三条　【职业病诊断鉴定委员会】 ………… 159
第五十四条　【鉴定委员会的组成】 ……………… 163
第五十五条　【疑似职业病病人】 ………………… 166
第五十六条　【职业病待遇】 ……………………… 169
第五十七条　【诊疗、康复费用和社会保障】 ……… 172
第五十八条　【民事赔偿权利】 …………………… 175
第五十九条　【用人单位承担医疗和生活保障
费用】 ………………………… 177
第六十条　【妥善安置职业病病人】 ……………… 179
第六十一条　【职业病病人的救助】 ……………… 182
第五章　监督检查 ………………………………… 185
第六十二条　【一般规定】 ……………………… 185

第六十三条　【监督检查措施】 …………………… 187
第六十四条　【临时控制措施】 …………………… 189
第六十五条　【执法程序】 ………………………… 192
第六十六条　【被检查单位的义务】 ……………… 194
第六十七条　【严格依法执法】 …………………… 195
第六十八条　【职业卫生监督执法人员资格认定和队伍建设】 ………………………… 198
第六章　法律责任 …………………………………… 200
第六十九条　【建设单位的责任】 ………………… 200
第七十条　【未存档检测评价结果、未采取防护措施等的责任】 ……………………… 204
第七十一条　【未申报危害项目等的责任】 ……… 208
第七十二条　【不符合职业卫生标准和要求等的责任】 ……………………………… 211
第七十三条　【提供有害设备、材料等的责任】 … 216
第七十四条　【未报告职业病的责任】 …………… 218
第七十五条　【隐瞒有关危害情况等的责任】 …… 221
第七十六条　【生产、经营或者进口国家明令禁止的设备材料的责任】 ………………… 224
第七十七条　【责令停止作业和关闭】 …………… 226
第七十八条　【造成重大职业病危害事故或者严重后果的责任】 ………………………… 228
第七十九条　【擅自从事职业卫生技术服务的责任】 ……………………………… 231
第八十条　【职业卫生技术服务机构的责任】 …… 233

第八十一条 【职业病诊断鉴定委员会组成人员的责任】 …… 237
第八十二条 【不按规定报告职业病和职业病危害事故的责任】 …… 239
第八十三条 【地方政府及其职业卫生监管部门的责任】 …… 241
第八十四条 【刑事责任】 …… 243
第七章 附则 …… 245
第八十五条 【定义】 …… 245
第八十六条 【其他有关单位参照适用】 …… 246
第八十七条 【医疗机构放射性职业病危害控制监管】 …… 249
第八十八条 【实施日期】 …… 251

附 录：
中华人民共和国主席令 …… 253
全国人民代表大会常务委员会关于修改《中华人民共和国节约能源法》等六部法律的决定（节录） …… 254
（2016年7月2日）
中华人民共和国职业病防治法 …… 257
（2016年7月2日）
后 记 …… 281

第一章　总　则

第一条　为了预防、控制和消除职业病危害，防治职业病，保护劳动者健康及其相关权益，促进经济社会发展，根据宪法，制定本法。

条文主旨

本条是关于职业病防治法的立法目的和立法根据的规定。

立法背景

职业病是劳动者在职业活动中，因接触粉尘、放射性物质和其他有毒、有害因素而引起的疾病，是威胁劳动者身体健康及其相关权益的突出问题，也是广大劳动者最关心、最直接、最现实的利益问题。职业病防治工作关系劳动者身体健康和生命安全，关系到劳动力资源和经济的可持续发展，关系到社会的和谐与稳定。新中国成立以来，党和政府一直高度重视职业病防治工作和职业病防治制度建设。1994 年制定的《劳动法》在总则中规定劳动者享有获得劳动安全卫生保护的权利，并对劳动安全卫生专章作了规定。2001 年 10 月 27 日，九届全国人大常委会第二十四次会议通过了《中华人民共和国职业病防治法》，自 2002 年 5 月 1 日起施行。这是我国最高立法机关制定的第一部对职业病防治工作全面予以规范的法律，是预防、控制和消除职业病危害，防治职业病，保护劳动者健康及其相关权益的一部重要法律。它的制定是我国职业病防治工作和制度建设中的一件大事。2001 年《职业病防治法》分七章七十九条，对职业病的预防、治疗和职业病待遇保障等各个环节作了规范。职业病防治法颁布实施以来，我国的职业病防治工作取得很大成绩，各地区、各部门加大工作力度，开展职业病危害源头治理和重点职业病专项整治，规范用人单位职业健康管理和劳动用工管理，严肃查处危害劳动者身体健康和生命安全的违法行为，全社会职业病防治意识逐步增强，大中型企业职业卫生条件有了较大改善，职业病高发势头得到一定遏制。但是，随着我国经济快速发展，目前我国职业病防治工作形势总体上还比较严峻。尤其是随着所有制与劳动用工形式日益多元化，一些中小私营企业职业病防护措施不落实的问题较为突出，劳动者在职业活动中接触的职业病危害因素不断增多、面临的职业病危害风险日益突出，职业病在部分地方仍然是影响劳动者身体健康、侵害其合法权益的突出问题。各地陆续出现一些群发性职业病危害事件，在社会上产生了较大的影响。这些事件出现的原因：一是用人单位责任不落实。一些用人单位没有真正树立以人为本思想，对职业病危害的认识不足，对劳动者健康不重视，防治主体责任不落实，没有采取有效的综合治理措施，违法行为大量存在。二是政府监管存在薄弱环节。一些地方没有处理好经济发展与保护劳动者健康的关系，职业病防治未能纳入地方经济社会发展规划，监管机构不健全，基层监管力量薄弱，部门之间工作衔接不够，没有形成合力。部分地方和部门监管措施不到位，执法不够严格，对违法行为处理不力。三是防治工作基础比较薄弱。许多工业企业特别是中小企业生产工艺落后，设施、设备简陋，职业病防治管理水平低，投入不足。职业病防治相关法律法规和技术标准不够完善，信息网络不健全，职业病预防、控制技术急需提高，宣传教育培训力度不够，应急救援能力有待加强。实践中出现的问题既反映出职业病防治工作还存在一些薄弱环节，也暴露出法律实施中的一些问题和需要进一步修改完善的地方。

2010 年 3 月，卫生部向国务院报送了《中华人民共和国职业病防治法（修正案草案）送审稿》，国务院法制办于 2010 年 11 月 5 日至 11 月 19 日就有关职业病诊断鉴定制度的条文向全社会公开征求意见。2011 年 5 月 4 日，国务院常务会议讨论并原则通过职业病防治法修正案（草案），随后，国务院向全国人大常委会提交了审议职业病防治法修正案（草案）的议案。2011 年 6 月，十一届全国人大常委会第二十一次会议对修正案草案进行了初次审议；8 月，十一届全国人大常委会第二十二次会议对职业病防治法修正草案进行了再次审议；12 月 31 日，十一届全国人大常委会第二十四次会议在三次审议的基础上表决通过了《全国人民代表大会常务委员会关于修改〈中华人民共和国职业病防治法〉的决定》，修改决定自公布之日起施行。2011 年修改后的《职业病防治法》进一步理顺了职业卫生监督管理体制，强化了用人单位在职业病预防中的义务，进一步完善了职业病诊断、鉴定制度，并对用人单位的违法行为进一步加大了监督处罚力度。

为落实第十二届全国人民代表大会第一次会议通过的关于国务院机构改革和职能转变方案的决定，依法推进行政审批制度改革和政府职能转变，进一步提高审批效率，不断提高政府管理科学化、规范化水平，根据国务院 2016 年取消行政审批等事项的有关决定，国务院法制办会同国务院有关部门，起草了

《〈中华人民共和国节约能源法〉等6部法律的修正案（草案）》，其中包括职业病防治法修正案草案，于2016年6月27日提请十二届全国人大常委会第二十一次会议进行审议。2016年6月28日上午，全国人大常委会对草案进行了分组审议。2016年7月2日，十二届全国人大常委会第二十一次会议表决通过包括职业病防治法修正案在内的六部法律的修正案。职业病防治法的这次修改，主要是取消建设项目可行性论证阶段的职业病危害预评价应当经安全生产监督管理部门审核同意、建设项目的职业病防护设施设计应当经安全生产监督管理部门审查同意以及建设项目竣工验收前的职业病危害控制效果评价应当经安全生产监督管理部门验收合格的要求，规定职业病危害预评价、防护设施设计审查及竣工验收、职业病危害控制效果评价由建设单位自行组织开展，安全生产监督管理部门通过对评价结果及验收活动的监督核查和对职业病防护设施同时设计、同时施工、同时投入生产使用情况的专项监督检查等措施强化后续监管。取消了安全生产监督管理部门实施的上述两项审批和两项中介服务事项。同时，考虑到医疗机构的特殊性，对其建设项目放射性职业危害控制的监督管理仍维持现行规定，保留相关的行政审批，并在第十七条、第十八条以及其他相关条文中对医疗机构建设项目的职业病危害预评价、职业病防护设施设计审查、竣工验收前的职业病危害控制效果评价予以明确。

条文解读

本条开宗明义，对职业病防治法的立法目的和立法根据作了规定。

一、立法目的

立法目的又称立法宗旨，是制定一部法律的总纲。根据本条规定，职业病防治法的立法目的包括以下几个方面：

1. 预防、控制和消除职业病危害。职业病危害是指对从事职业活动的劳动者可能导致职业病的各种危害，包括职业活动中存在的各种有害的化学、物理、生物因素以及在作业过程中产生的其他职业有害因素。职业病危害是职业病产生的根源。从我国目前情况看，由于我们正处于并将长期处于社会主义初级阶段，工业生产装备水平不高和工艺技术相对落后的状况将长期存在，在煤炭、冶金、化工等职业病危害较严重的行业，改善工作环境需要一个过程。随着经济和科技的发展，新技术、新工艺、新设备、新材料广泛应用，新的职业危害风险以及职业病不断出现，防治工作面临新的挑战。实践中，职业病危害在各个行业广泛存在。煤炭、冶金、化工、建材、汽车制造、医药等行业不同程度地存在职业病危害。因此，职业病防治法立法的首要目的是预防、控制和消除职业病危害。

2. 防治职业病。职业病的发生既和用人单位工作场所存在的职业病危害因素密切相关，又与用人单位采取的职业病防护管理措施紧密相连。职业病重在预防，因此，防治职业病，最重要的是要强化用人单位在职业病防治工作中的责任。为此，职业病防治法应当通过一系列的制度设计，督促用人单位落实职业病防治管理措施。同时，还要对职业病病人的治疗问题作出妥善规定，保障职业病病人依法享受国家规定的职业病待遇。

3. 保护劳动者健康及其相关权益。职业病对劳动者健康损害严重。尘肺病等慢性职业病一旦发病往往难以治愈，伤残率高，严重影响劳动者身体健康甚至危及生命安全。尤其是近年来群发性职业病事件时有发生，这些事件往往一次性造成几十人甚至上百人患病，已成为侵害劳动者合法权益和影响社会和谐稳定的突出问题。职业病防治法正是要通过预防、控制和消除职业病危害，防治职业病，进而发挥保护劳动者健康及其相关权益的功能。

4. 促进经济社会发展。广大劳动者是社会财富的创造者，也是经济社会发展的推动者。做好职业病防治工作，不仅有利于维护劳动者的合法权益，也有利于激发劳动者的工作热情和工作积极性。目前，我国无论接触职业病危害人数、职业病患者累积病例，死亡人数和新发病例都居世界前列，每年因职业病造成的经济损失十分巨大。因此，依法预防、控制和消除职业病危害，防治职业病，可以给国家、用人单位减少不必要的经济损失，减轻社会和用人单位的负担，依法保护劳动者的健康及其相关权益，为国家和社会创造出更多的财富，最终实现我国经济社会全面健康可持续发展。

二、立法根据

职业病防治法根据宪法制定。宪法是国家的根本大法，是中国特色社会主义法律体系中最高层次的法律，在国家政治经济和社会生活中具有至高无上的法律地位，具有最高的法律效力，是其他法律的“母法”和根据。宪法赋予全国人大及其常委会国家立法权，从而对包括职业病防治工作在内的各项社会事务进行立法。从具体内容上看，《宪法》第四十二条第一款、第二款规定：“中华人民共和国公民有劳动的权利和义务。国家通过各种途径，创造劳动就业条件，加强劳动保护，改善劳动条件，并在发展生产的基础上，提高劳动报酬和福利待遇。”宪法中这一规定对加强劳动保护、改善劳动条件作了原则规定，职业病防治法即是落实宪法这一原则规定的“子法”。

相关规定

《中华人民共和国宪法》第42条；《中华人民共和国劳动法》第6章。

第二条　本法适用于中华人民共和国领域内的职业病防治活动。

本法所称职业病，是指企业、事业单位和个体经济组织等用人单位的劳动者在职业活动中，因接触粉尘、放射性物质和其他有毒、有害因素而引起的疾病。

职业病的分类和目录由国务院卫生行政部门会同国务院安全生产监督管理部门、劳动保障行政部门制定、调整并公布。

条文主旨

本条是关于职业病防治法的适用范围和职业病的定义、分类和目录的规定。

立法背景

法的适用范围是每一部法律都应当处理的首要问题之一。法的适用范围的大小，决定了哪些行为主体及其哪些行为受特定法律规范的调整。职业病是职业病防治法中最重要的概念之一，其内涵和外延的界定直接关系到劳动者的健康权益的保护范围和整个职业病防治体系的构建。如果职业病的范围界定得过窄，劳动者在职业活动中造成的一些疾病难以纳入职业病，难以享受相应的职业病待遇，不利于劳动者合法权益的维护；反之，如果职业病的范围界定得过宽，将劳动者在职业活动中产生的所有疾病都纳入职业病的范围，并为其提供工伤保险待遇，又往往超出我国经济社会发展水平尤其是工伤保险基金的承受能力。因此，应当科学合理的界定职业病的范围。与2001年《职业病防治法》相比较，2011年修订后的法律有如下变化：一是将第二条第二款中的“企业、事业单位和个体经济组织（以下统称用人单位）”修改为“企业、事业单位和个体经济组织等用人单位”，作这样的修改，主要是考虑到随着我国经济社会发展，一些新的类型的用人单位如民办非企业单位等不断增多，这些用人单位的职业病防治工作也同样应当适用本法的规定。二是将第二条第二款中的“其他有毒、有害物质等因素”修改为“其他有毒、有害因素”。与原规定相比较，2011年修改后的职业病定义既突出粉尘、放射性物质作为主要致病因素，但又不过分强调物质类致病因素，因职业活动的有毒、有害因素而引起的疾病都属于职业病的范围。需要说明的，本条第二款只是对职业病的内涵和核心特征作了解释，具体哪些疾病属于法定的职业病种类，还需要根据本条第三款的规定，结合职业病分类目录加以确定。

条文解读

一、职业病防治法的适用范围

法律的适用范围又称法律的效力范围，从理论上讲，是指法律对什么人，在什么时间、什么地点产生法律上的约束力和强制力。法律的效力范围一般包括对地域的效力、对时间的效力和对人的效力。本条是对地域的效力和对人的效力的规定。对时间的效力，本法第八十八条作了规定。

1. 地域效力。所谓地域效力，是指一部法律在哪些地域范围内有效。一般来说，一个主权国家的法律适用于主权管辖范围的全部领域，包括领陆、领海和领空，此外还包括延伸意义上的领土，如驻外使领馆和在本国领域外的本国船舶和飞机等。本法规定的地域效力范围为“中华人民共和国领域内”就包括“领陆、领海和领空”。

这里需要特别指出，对于地域范围法律另有特别规定的，应适用特别规定。比如，根据《中华人民共和国香港特别行政区基本法》、《中华人民共和国澳门特别行政区基本法》的有关规定，只有列入这两个基本法附件三的法律，才能在这两个特别行政区适用，本法没有列入两个基本法的附件三中，所以，本法不适用于香港、澳门特别行政区。

2. 对人的效力。所谓对人的效力，是指一部法律适用于什么人，对什么样的人生效。关于对人的效力各国都采取一定的原则，概括起来有三种：第一种是属地原则。即以地域为标准，不管当事人是本国人还是外国人，只要其行为发生在本国领域内就适用。第二种是属人原则。即以当事人的国籍为标准，凡是本国人不论其行为发生在国内还是国外都适用。第三种是采用保护主义原则。即以国家利益为标准不论当事人的行为发生在国内还是国外，也不论当事人是本国人还是外国人，只要其行为损害了本国利益就予以适用。本法采用的是属地原则，即适用于“中华人民共和国领域内”的从事“职业病防治活动”的单位和人员，也就是说，无论是职业卫生监管部门、用人单位或者劳动者，其只要是在中华人民共和国领域内从事本法所规定的“职业病防治活动”就应当适用本法。

二、职业病的含义

职业病是职业病防治法中最重要的一项概念。其概念的内涵和外延的界定直接关系到劳动者的健康权益保护和整个职业病防治体系的构建。从本条规定看，理解职业病的含义应当注意以下两点：

一是职业病是劳动者因从事特定的职业活动而产生的疾病，这里的劳动者是指企业、事业单位和个体经济组织等用人单位的劳动者，只有用人单位的劳动者因职业活动而产生的疾病才属于职业病，自由职业者、农民等自我雇佣的人员在职业活动中产生的疾病不属于职业病，不属于本法调整的范围。也就是说，劳动者要享受国家规定的职业病待遇，应当首先有用人单位。此外，根据本法第八十六条第一款的规定："本法第二条规定的用人单位以外的单位，产生职业病危害的，其职业病防治活动可以参照本法执行。""用人单位以外的单位"主要是指那些与劳动者之间的关系不属于劳动关系的用人单位，如政府行政机关、司法机关、社会团体以及部分事业单位等，如政府机关与公务员之间的关系受公务员法等相关法律调整，实践中一些地方公费医疗制度尚未实行改革，公务员也尚未参加工伤保险，这部分群体在工作过程中发生的疾病尽管也与其职业活动有关，但不属于本法的直接调整对象，但上述用人单位产生职业病危害的，其职业病防治活动可以参照本法执行。另外，中国人民解放军官兵与军队之间的关系也不是用人单位与劳动者之间的劳动关系，军队也不是劳动法意义上的"用人单位"，根据本法第八十六条第三款的规定，中国人民解放军参照执行本法的办法，由国务院、中央军事委员会制定。

二是引起职业病的因素为"粉尘、放射性物质和其他有毒、有害因素"。粉尘、放射性物质和毒物是我国职业病危害因素的主体。此外，职业病危害因素还包括其他各种有害的化学、物理、生物因素以及在作业过程中产生的其他有毒有害因素。这一规定与国际劳工组织关于职业病的致病因素的界定基本上也是一致的，国际劳工组织《1981 年职业安全卫生公约》2002 年议定书中明确规定，职业病是指“任何由接触工作活动中产生的有害因素所致的疾病”。我国职业病防治法中之所以突出强调粉尘、放射性物质以及有毒因素作为致病因素，主要是考虑到粉尘、放射性物质以及毒物是我国当前最严重的职业病危害因素，尤其是粉尘，因粉尘危害而引起的尘肺病是我国最主要的职业病，占到职业病病人的大多数。

三、职业病的分类和目录

职业病是一种法定的疾病，其分类和目录也应当相应的由法律或者法律授权的组织规定。新中国成立以来，随着我国经济发展进程中职业病危害因素的增加，劳动保护意识的不断增强和制度的不断健全，职业病的分类和目录也经历了由少到多，不断完善的一个过程。原卫生部于 1972 年首次公布 14 种职业病。1987 年，原卫生部、原劳动人事部、财政部、中华全国总工会联合发布了《关于职业病范围和职业病患者处理办法的规定》，将职业病分为职业中毒、尘肺、物理因素职业病、职业性传染病、职业性皮肤病、职业性眼病、职业性耳鼻喉疾病、职业性肿瘤、其他职业病等 9 大类 99 种。2002 年，原卫生部、原劳动和社会保障部根据职业病防治法修订的《职业病目录》将职业病分为 10 大类 115 种。2013 年 12 月 23 日，国家卫生和计划生育委员会、人力资源和社会保障部、国家安全生产监督管理总局、中华全国总工会四部门联合印发《职业病分类和目录》，这是我国现行有效的法定的职业病分类和目录，包括职业病 10 类 132 种，具体是：尘肺病（13 种），包括矽肺、煤工尘肺、石墨尘肺、碳黑尘肺、石棉肺、滑石尘肺、水泥尘肺、云母尘肺、陶工尘肺、铝尘肺、电焊工尘肺、铸工尘肺、根据《尘肺病诊断标准》和《尘肺病理诊断标准》可以诊断的其他尘肺病。其他呼吸系统疾病（6 种），包括过敏性肺炎、棉尘病、哮喘、金属及其化合物粉尘肺沉着病（锡、铁、锑、钡及其化合物等）、刺激性化学物所致慢性阻塞性肺疾病、硬金属肺病。职业性皮肤病（9 种），包括接触性皮炎、光接触性皮炎、电光性皮炎、黑变病、痤疮、溃疡、化学性皮肤灼伤、白斑、根据《职业性皮肤病的诊断总则》可以诊断的其他职业性皮肤病。职业性眼病（3 种），包括化学性眼部灼伤、电光性眼炎、白内障（含放射性白内障、三硝基甲苯白内障）。职业性耳鼻喉口腔疾病（4 种），包括噪声聋、铬鼻病、牙酸蚀病、爆震聋。职业性化学中毒（60 种），包括铅及其化合物中毒（不包括四乙基铅）、汞及其化合物中毒、锰及其化合物中毒、镉及其化合物中毒、铍病、铊及其化合物中毒、钡及其化合物中毒、钒及其化合物中毒、磷及其化合物中毒、砷及其化合物中毒、铀及其化合物中毒、砷化氢中毒、氯气中毒、二氧化硫中毒、光气中毒、氨中毒、偏二甲基肼中毒、氮氧化合物中毒、一氧化碳中毒、二硫化碳中毒、硫化氢中毒、磷化氢、磷化锌、磷化铝中毒、氟及其无机化合物中毒、氰及腈类化合物中毒、四乙基铅中毒、有机锡中毒、羰基镍中毒、苯中毒、甲苯中毒、二甲苯中毒、正己烷中毒、汽油中毒、一甲胺中毒、有机氟聚合物单体及其热裂解物中毒、二氯乙烷中毒、四氯化碳中毒、氯乙烯中毒、三氯乙烯中毒、氯丙烯中毒、氯丁二烯中毒、苯的氨基及硝基化合物（不包括三硝基甲苯）中毒、三硝基甲苯中毒、甲醇中毒、酚中毒、五氯酚（钠）中毒、甲醛中毒、硫酸二甲酯中毒、丙烯酰胺中毒、二甲基甲酰胺中毒、有机磷中毒、氨基甲酸酯类中毒、杀虫脒中毒、溴甲烷中毒、拟除虫菊酯类中毒、铟及其化合物中毒、溴丙烷中毒、碘甲烷中毒、氯乙酸中毒、环氧乙烷中毒、上述条目未提及的与职业有害因素接触之间存在直接因果联系的其他化学中毒。物理因素所致职业病（7种），包括中暑、减压病、高原病、航空病、手臂振动病、激光所致眼（角膜、晶状体、视网膜）损伤、冻伤。职业性放射性疾病（11种），包括外照射急性放射病、外照射亚急性放射病、外照射慢性放射病、内照射放射病、放射性皮肤疾病、放射性肿瘤（含矿工高氡暴露所致肺癌）、放射性骨损伤、放射性甲状腺疾病、放射性性腺疾病、放射复合伤、根据《职业性放射性疾病诊断标准（总则）》可以诊断的其他放射性损伤。职业性传染病（5种），包括炭疽、森林脑炎、布鲁氏菌病、艾滋病（限于医疗卫生人员及人民警察）、莱姆病。职业性肿瘤（11种），包括石棉所致肺癌、间皮瘤、联苯胺所致膀胱癌、苯所致白血病、氯甲醚双氯甲醚所致肺癌、砷及其化合物所致肺癌、皮肤癌、氯乙烯所致肝血管肉瘤、焦炉逸散物所致肺癌、六价铬化合物所致肺癌、毛沸石所致肺癌胸膜间皮瘤、煤焦油、煤焦油沥青石油沥青所致皮肤癌、β-萘胺所致膀胱癌。其他职业病（3种），包括金属烟热、滑囊炎（限于井下工人）、股静脉血栓综合征、股动脉闭塞症或淋巴管闭塞症（限于刮研作业人员）。

相关规定

《中华人民共和国劳动法》第2条；《中华人民共和国劳动合同法》第2条；《职业病目录》；《职业病分类和目录》。

第三条　职业病防治工作坚持预防为主、防治结合的方针，建立用人单位负责、行政机关监管、行业自律、职工参与和社会监督的机制，实行分类管理、综合治理。

条文主旨

本条是关于职业病防治工作方针、工作机制和管理原则的规定。

立法背景

职业病防治工作应当遵循一定的方针、机制和原则。这些方针、机制和原则的确立，对于职业病防治工作的开展具有十分重要的意义，只有方针、机制和原则得当，职业病防治工作方能顺利开展，并且往往能起到事半功倍的效果。2001 年职业病防治法主要对职业病防治工作的方针和管理原则作了规定。2011 年修改后的职业病防治法修改进一步明确了职业病防治工作的机制。

条文解读

一、职业病防治工作的方针

“预防为主、防治结合”是职业病防治工作的基本方针。职业病重在预防，之所以要强调“预防为主”，是因为职业病与其他疾病比较，有很大的不同，一旦罹患职业病，就很难治愈。以我国当前职业病中最常见的尘肺病为例，这是一种由于长期吸入大量细微粉尘而引起的以肺组织纤维化为主的职业病。一旦得病，随着肺组织纤维化程度的加重，有效呼吸面积不断减少，通气和血流比例失调，呼吸困难也逐渐加重。即一旦得病，便难以治愈，而只能通过医学手段维持或者适当减轻疾病带来的痛苦。所以，职业病防治工作必须从致病源头抓起，实行前期预防。“预防为主”，是做好职业病防治工作的基础和前提，就是要做到“防微杜渐”，“防患于未然”，把职业病防治工作，由传统的发生问题后进行处理的工作模式转变为预防管理的模式，把工作重点放在预防上，不要等产生了职业病再去被动地处理，而要把职业病危害消灭在萌芽状态，主动采取本法所规定的有关预防职业病的措施，防止职业病的发生。从职业病防治法的有关规定来看，充分体现了“预防为主”的方针，对用人单位在前期预防和劳动过程中的防护义务作了明确具体的规定。应当说，职业病预防工作真正做好了，是能够有效避免和消除职业病的，当前职业病防治中反映出来的许多问题，都与用人单位的职业病防治管理措施不落实有很大关系。

在“预防为主”的基础上，职业病防治工作还要坚持“防治结合”。职业病预防工作做得好，有助于减少和控制职业病危害的发生，但是要真正做到消除职业病危害则有很大的难度。并且随着经济、产业发展，实践中又会不断出现新的职业病危害种类。因此，在预防为主的基础上，出现职业病病人的，应当采取有效措施给予医疗救治，并对职业病病人给予相应的保障，使预防和治理得以有效的结合，共同做好职业病防治工作。

二、职业病防治工作机制

本条规定的职业病防治工作机制是用人单位负责、行政机关监管、行业自律、职工参与和社会监督。用人单位是职业病预防的首要责任主体，本法对用人单位在职业病防治工作中的法定义务作了明确规定，用人单位应当为劳动者创造符合国家职业卫生标准和卫生要求的工作环境和条件，并采取措施保障劳动者获得职业卫生保护。行政机关在职业病防治工作中担负着重要的监管职责。法律的生命在于实施。职业病防治法中规定的用人单位的法定义务要得到落实，光靠用人单位的自觉显然是不够的，还需要卫生、安全生产监督管理等职业卫生监督管理部门加强监管，对用人单位的违法行为依法追究相应的法律责任，执法必严、违法必究，只有这样，职业病防治法中规定的用人单位的义务才能真正得到落实。行业自律是发挥行业组织的职能，配合职业卫生监管部门做好职业病防治工作的重要补充，目前，各个行业尤其是职业病危害较为严重的行业如煤炭行业等都有相应的行业管理工作，其中也包括对职业病防治工作的统一规范，充分发挥行业组织对政府管理工作的有益补充功能，既能节省行政成本，实践中往往也能达到较好的效果。职工是企业的主人，尤其是在一些大型国有企业，职工民主参与在企业经营活动包括职业病防治工作中发挥着重要的作用，职业病防治工作事关广大企业职工的身体健康和切身利益，扩大职工尤其是企业生产一线职工在本单位职业病防治工作中的参与积极性，能够为本企业的职业病防治工作提供更坚实的群众基础和更有针对性的防治措施；从当前实际情况看，在一些产生重大职业病危害事件的企业，职工的民主管理权利往往得不到落实，企业职业病防治工作根本没有企业职工的参与。接受社会监督是企业的一项社会义务，社会监督既包括工会组织等职工组织的监督，也包括新闻媒体和社会舆论的监督。从当前情况看，新闻媒体和社会舆论监督在职业病防治中发挥了积极的作用。一些重大的职业病危害事件，往往都是经由社会媒体曝光出来的，有些也是在新闻媒体和社会舆论的压力下方才得到妥善解决的。

三、职业病防治工作的管理原则

本条规定的职业病防治工作的基本管理原则是“分类管理、综合治理”。由于可能导致职业病危害的因素很多，危害程度各不相同，所以，在职业病防治管理工作中需要按照不同危害类别和职业病进行分类管理，同时，职业病防治除了需要加强监督管理之外，还需要其他管理部门共同参与以及用人单位、劳动者的积极配合，做到全方位的综合治理，这样才有可能实现最佳治理结果。近些年来，为进一步加强职业病防治工作的综合治理，卫生、安全生产监督管理、劳动保障等部门建立起了相应的协调机制，齐抓共管，共同应对当前职业病危害高发的局面，职业病防治工作综合治理的局面已经初步形成。

相关规定

《中华人民共和国劳动法》第52条。

第四条　劳动者依法享有职业卫生保护的权利。

用人单位应当为劳动者创造符合国家职业卫生标准和卫生要求的工作环境和条件，并采取措施保障劳动者获得职业卫生保护。

工会组织依法对职业病防治工作进行监督，维护劳动者的合法权益。用人单位制定或者修改有关职业病防治的规章制度，应当听取工会组织的意见。

条文主旨

本条是关于劳动者依法享有职业卫生保护的权利和用人单

位、工会组织应当采取措施保护劳动者获得职业卫生保护的规定。

立法背景

职业卫生保护是劳动保护的一项重要内容之一，是劳动者根据我国宪法以及其他法律享受的一项重要权利。在劳动过程中，职业安全（安全生产）保护和职业卫生保护是劳动者享有的两项重要权利。与安全生产工作相比较，我国实践中对劳动者的职业卫生保护权利缺乏应有的重视，导致一些地方在安全生产形势好转的情况下，职业病危害成为突出问题。因此，应当进一步强调职业病防治工作。明确劳动者依法享有职业卫生保护的权利，有助于劳动者提高自身的权利意识，在劳动过程中注重维护自身的权利，一旦用人单位职业病防治管理措施不落实，或者发生职业病危害事故，劳动者可以依法行使职业卫生保护权利，拒绝继续工作或者向有关部门提出检举或者控告。与劳动者的权利相对应，用人单位负有保障劳动者获得职业卫生保护权利的法定义务。2011 年修改后增加了有关工会组织在职业病防治工作中的职能，这一规定参考了工会法的有关规定。

条文解读

一、劳动者依法享有职业卫生保护的权利

1.《宪法》第四十二条第一款、第二款规定：“中华人民共和国公民有劳动的权利和义务。国家通过各种途径，创造劳动就业条件，加强劳动保护，改善劳动条件，并在发展生产的基础上，提高劳动报酬和福利待遇。”《宪法》第四十五条第一款规定：“中华人民共和国公民在年老、疾病或者丧失劳动能力的情况下，有从国家和社会获得物质帮助的权利。国家发展为

公民享受这些权利所需要的社会保险、社会救济和医疗卫生事业。”因此，依法享有职业卫生保护的权利是宪法赋予劳动者的一项重要权利。本法关于“劳动者依法享有职业卫生保护的权利”的规定，是宪法上述原则规定的具体体现。此外，《劳动法》第三条第一款规定：“劳动者享有平等就业和选择职业的权利、取得劳动报酬的权利、休息休假的权利、获得劳动安全卫生保护的权利、接受职业技能培训的权利、享受社会保险和福利的权利、提请劳动争议处理的权利以及法律规定的其他劳动权利。”因此，劳动者可根据宪法和劳动法等有关法律的规定维护自己的合法权益。

2. 根据本法规定，劳动者享有下列职业卫生保护权利：一是有要求用人单位提供符合防治职业病要求的职业病防护设施和个人使用的职业病防护用品及改善工作条件的权利；二是有了解工作场所产生或者可能产生的职业病危害因素、危害后果和应当采取的职业病防护措施的权利；三是有接受职业卫生教育、培训的权利；四是有获得职业健康检查、职业病诊疗、康复等职业病防治服务的权利；五是有索取本人职业健康监护档案复印件的权利；六是有对违反职业病防治法律、法规以及危及生命健康的行为提出批评、检举和控告的权利；七是有拒绝违章指挥和强令进行没有职业病防护措施的作业的权利；八是有参与用人单位职业卫生工作的民主管理，对职业病防治工作提出意见和建议的权利；九是有依法享受职业病待遇和获得民事赔偿的权利。

二、用人单位应当采取措施保障劳动者获得职业卫生保护

1. 劳动者要获得职业卫生保护，一方面要靠劳动者依法争取，另一方面也要靠用人单位采取措施予以保障，这是一个问题的两个方面。也就是说，没有用人单位的保障，劳动者依法享有的职业卫生保护的权利很难实现；同时，没有劳动者依法督促用人单位采取必要措施，用人单位的保障也难以到位，但是主要责任还是用人单位。为了有效地保护劳动者的合法权益，本条规定用人单位应当为劳动者创造符合国家职业卫生标准和卫生要求的工作环境和条件，并采取措施保障劳动者获得职业卫生保护。

2. 根据本法规定，用人单位应当采取下列保障措施：一是设置或者指定职业卫生管理机构或者组织，负责本单位的职业病防治工作；二是制定职业病防治计划和实施方案；三是建立、健全职业卫生管理制度和操作规程；四是建立、健全职业卫生档案和劳动者健康监护档案；五是建立、健全工作场所职业病危害因素监测及评价制度；六是建立、健全职业病危害事故应急救援预案；七是须采用有效的职业病防护设施；八是为劳动者提供符合防治职业病要求的职业病防护用品；九是优先采用有利于防治职业病和保护劳动者健康的新技术、新工艺、新设备、新材料，逐步替代职业病危害严重的技术、工艺、设备、材料；十是在醒目位置设置公告栏，公布有关职业病防治的规章制度、操作规程、职业病危害事故应急救援措施和工作场所职业病危害因素检测结果；十一是对可能发生急性职业损伤的有毒、有害工作场所应当设置报警装置，配置现场急救用品、冲洗设备、应急撤离通道和必要的泄险区；十二是对放射工作场所和放射性同位素的运输、贮存须配置防护设备和报警装置，保证接触放射线的工作人员佩戴个人剂量计；十三是对职业病防护设备、应急救援设施和个人使用的职业病防护用品应进行经常性的维护、检修，定期检测其性能和效果，确保其处于正常状态，不得擅自拆除或者停止使用；十四是实施由专人负责的职业病危害因素日常监测，并确保监测系统处于正常运行状态；十五是不得生产、经营、进口和使用国家明令禁止使用的可能产生职业病危害的设备或者材料；十六是不具备职业病防护条件的单位和个人不得接受产生职业病危害的作业；十七是对采用的技术、工艺、设备、材料应知悉其产生的职业病危害，对有职业病危害的技术、工艺、设备、材料隐瞒其危害而采用的，对所造成的职业病危害后果承担责任；十八是与劳动者订立劳动合同（含聘用合同）时，应将工作过程中可能产生的职业病危害及其后果、职业病防护措施和待遇等如实告知劳动者，并在劳动合同中写明，不得隐瞒或者欺骗；十九是对劳动者进行上岗前的职业卫生培训和在岗期间的定期职业卫生培训，指导劳动者正确使用职业病防护设备和个人使用的职业病防护用品；二十是按照国务院安全生产监督管理部门、卫生行政部门的规定组织上岗前、在岗期间和离岗时的职业健康检查，并将检查结果如实告知劳动者；二十一是为劳动者建立职业健康监护档案；二十二是向劳动者如实、无偿提供职业健康监护档案复印件；二十三是发生或者可能发生急性职业病危害事故时，应立即采取应急救援和控制措施，对遭受或者可能遭受急性职业病危害的劳动者，用人单位应当及时组织救治、进行健康检查和医学观察；二十四是不得安排未成年工从事接触职业病危害的作业；二十五是不得安排孕期、哺乳期的女职工从事对本人和胎儿、婴儿有危害的作业；二十六是应当建立、健全职业病防治责任制；二十七是应当依法参加工伤保险。

三、工会组织在职业病防治工作中的重要职能

工会是职工自愿结合的工人阶级的群众组织，代表职工的利益，依法维护职工的合法权益。维护职工合法权益是工会的基本职责。从本条第三款的规定看，工会组织在职业病防治工作中的职能主要包括以下两个方面：

1. 工会组织依法对职业病防治工作进行监督，维护劳动者的合法权益。

工会组织对职业病防治工作应当履行监督职能，具体体现为，工会组织应当监督用人单位是否严格落实职业病防治法中规定的用人单位应当履行的义务，发现违法行为的，依法代表劳动者向有关部门提出控告或者代表劳动者维护权利。例如，企业、事业单位违反劳动法律、法规规定，不提供职业卫生条件的，工会应当代表职工与企业、事业单位交涉，要求企业、事业单位采取措施予以改正；企业、事业单位应当予以研究处理，并向工会作出答复；企业、事业单位拒不改正的，工会可以请求当地人民政府依法作出处理。工会依照国家规定对新建、扩建企业和技术改造工程中的劳动条件和职业病防护设施与主体工程同时设计、同时施工、同时投产使用进行监督。对工会提出的意见，企业或者主管部门应当认真处理，并将处理结果书面通知工会。工会发现企业违章指挥、强令工人冒险作业，或者生产过程中发现明显重大事故隐患和职业危害，有权提出解决的建议，企业应当及时研究答复；发现危及职工生命安全的情况时，工会有权向企业建议组织职工撤离危险现场，企业必须及时作出处理决定。工会有权对企业、事业单位侵犯职工合法权益的问题进行调查，有关单位应当予以协助。职工因工伤亡事故和其他严重危害职工健康问题的调查处理，必须有工会参加。工会应当向有关部门提出处理意见，并有权要求追究直接负责的主管人员和有关责任人员的责任。对工会提出的意见，应当及时研究，给予答复。

2. 用人单位制定或者修改有关职业病防治的规章制度，应当听取工会组织的意见。

用人单位的规章制度，尤其是有关职业病防治的规章制度，与劳动者的权益密切相关。用人单位根据职业病防治法等法律法规的要求，严格落实法律法规规定而制定的规章制度，有利于切实保护劳动者的合法权益。因此，本条这一规定明确要求用人单位制定或者修改有关职业病防治的规章制度，应当听取工会组织的意见。

相关规定

《中华人民共和国宪法》第 42 条、第 45 条；《中华人民共和国劳动法》第 3 条；《中华人民共和国工会法》第 2 条、第 22 条~第 26 条。

第五条　用人单位应当建立、健全职业病防治责任制，加强对职业病防治的管理，提高职业病防治水平，对本单位产生的职业病危害承担责任。

条文主旨

本条是关于用人单位应当建立、健全职业病防治责任制并对本单位产生的职业病危害承担责任的规定。

立法背景

用人单位是职业病危害因素存在、发生的场所，加强职业病防治工作，首先要从职业病危害发生的源头上加以控制。要做到这一点，首先就要明确用人单位是职业病防治的责任主体或者说是最重要的责任主体。本条规定作为总则的一条内容，主要是从原则上、宏观上对用人单位的职业病防治义务作了概括性的规定。从职业病防治法的后续章节看，有关用人单位的具体义务都有相应的规定。

条文解读

一、用人单位应建立、健全职业病防治责任制

职业病防治责任制是职业病防治管理的基本制度。建立、健全职业病防治责任制是用人单位做好职业病防治工作的前提和基础。根据本条规定，用人单位没有建立职业病防治责任制的，应当依法建立职业病防治责任制，已经建立的应当依法加以健全和完善。

建立、健全职业病防治责任制就是要将职业病责任制层层落实，直到用人单位的各级负责人员、各职能部门及其工作人员和各个岗位的劳动者。职业病防治责任制建立以后，要定期检查执行情况、认真总结评比，做到奖罚严明。

二、用人单位应当加强对职业病防治的管理，提高职业病防治水平

职业病防治管理和防治水平直接关系到职业病防治工作的质量，加强防治管理、提高防治水平，有助于控制、消除职业病危害的发生，防止职业病的发生。早在 1994 年，我国劳动法就对用人单位的职业病防治管理作了相应规定，根据《劳动法》第五十二条、第五十四条的规定，用人单位必须建立、健全劳动安全卫生制度，严格执行国家劳动安全卫生规程和标准，对劳动者进行劳动安全卫生教育，防止劳动过程中的事故，减少职业危害。用人单位必须为劳动者提供符合国家规定的劳动安全卫生条件和必要的劳动防护用品，对从事有职业危害作业

的劳动者应当定期进行健康检查。建立、健全职业病防治责任制一定要加强对职业病防治的管理，提高职业病防治水平，加大对职业病防治工作的投入（包括人力、物力、技术方面的投入），使职业病防治责任制落到实处，真正起到有效预防、控制和消除职业病危害的作用。目前，一些企业尤其是中小私营企业职业病防治管理松散、防治水平低，企业往往为了节省经营成本而不愿意在职业病防治工作上多投入，职业病防治管理措施不落实，职业病防治设施、设备落后不及时更新，企业内部缺乏相应的防治机构、防治人员，或者防治人员资质水平低，难以适应相应的防治工作要求。因此，在职业病防治法总则部分明确对用人单位提出加强管理和提高水平的要求是十分必要的。

三、用人单位要对本单位产生的职业病危害承担责任

建立、健全职业病防治责任制的目的是要加强对职业病防治管理，提高职业病防治水平，有效预防、控制和消除职业病危害，这是用人单位的法定义务，用人单位应当认真履行，并对本单位产生的职业病危害承担责任。用人单位承担的责任一是行政责任，即用人单位违反本法规定的义务的，由职业卫生监督管理部门依法给予警告、罚款、责令停业整顿等行政处罚或者行政强制措施；二是刑事责任，即根据我国刑法的有关规定，用人单位的违法行为构成重大责任事故罪等刑事犯罪的，对直接负责的主管人员和其他直接责任人员依法给予刑事处罚；三是民事责任，即用人单位给劳动者造成损害，依法承担相应的赔偿责任或者其他民事责任，如根据本法第五十八条的规定："职业病病人除依法享有工伤保险外，依照有关民事法律，尚有获得赔偿的权利的，有权向用人单位提出赔偿要求。"总的来看，强化用人单位的法律责任，对落实职业病防治责任制，加强职业病防治管理，提高职业病防治水平，有效地保护劳动者合法权益是非常必要的。

相关规定

《中华人民共和国劳动法》第 52 条、第 54 条。《中华人民共和国刑法》第 135 条。

第六条　用人单位的主要负责人对本单位的职业病防治工作全面负责。

条文主旨

本条是关于用人单位的主要负责人责任的规定。

立法背景

用人单位的主要负责人对本单位的职业病防治工作负有不可推卸的责任。在实践中，一些地方在出现重大职业病危害事故后，往往以对单位处以一定的罚款了事，而不是深入追究有关责任人的责任，对用人单位的主要负责人更是网开一面，从而导致危害事故发生后，企业照常生产经营，主要负责人和直接责任人员逍遥法外。为解决这一突出问题。2011 年修改后的职业病防治法参考了安全生产法等有关法律的规定，进一步明确用人单位的主要负责人对本单位的职业病防治工作全面负责。

条文解读

一、用人单位的主要负责人是指对用人单位经营决策活动享有最高权力的个人。在公司制企业中一般指公司的董事长，在合伙企业中一般为合伙执行人，在个人独资企业或者个体工商户中一般为企业或者个体工商户登记证书中载明的个人。用人单位的主要负责人与我们通常所说的用人单位直接负责的主管人员和其他直接责任人员既有联系又有区别，在一些小型企业中，用人单位的主要负责人可能同时又是直接负责的主管人员和直接责任人员，但是在一些大型企业中，尤其是公司制比较规范的企业，某一特定的职业病危害事故的直接负责的主管人员或者直接责任人员往往并非是用人单位的主要负责人。

二、在本条规定中，之所以强调用人单位的主要负责人要“全面负责”，主要是考虑到要进一步落实职业病防治责任主体。根据本法第五条的规定，用人单位是职业病防治工作的重要责任主体，应当建立、健全职业病防治责任制，加强对职业病防治的管理，提高职业病防治水平，对本单位产生的职业病危害承担责任。强调用人单位是职业病防治的责任主体，这是从用人单位对外承担的责任而言的。从单个用人单位的角度而言，要落实用人单位的主体责任，就要明确用人单位负责人的责任。“全面负责”是指用人单位的主要负责人在经营管理决策活动过程中，应当严格按照职业病防治法的规定，落实法律规定的职业病防治管理措施。法律对用人单位规定的义务，具体到每个用人单位而言，也即用人单位主要负责人应当履行的法定义务。

应当说明的是，本条规定的目的在于强化用人单位的主要负责人在企业经营管理决策过程中的责任，这一规定并不意味着职业卫生监督管理部门可以直接越过用人单位去追究其主要负责人的责任。在一般情况下，用人单位的违法行为由用人单位承担责任，但是，本法法律责任部分一些条文中明确规定用人单位的主要负责人应当承担相应的责任的，由其承担责任。另外，对一些不具备法人资格的企业组织、合伙组织或者个体工商户，这些组织的法律人格与其主要负责人的人格一般来说是合二为一的，规定这些用人单位的责任，实际上也是其主要负责人依法应当承担的责任。

相关规定

《中华人民共和国安全生产法》第5条。

第七条　用人单位必须依法参加工伤保险。

国务院和县级以上地方人民政府劳动保障行政部门应当加强对工伤保险的监督管理，确保劳动者依法享受工伤保险待遇。

条文主旨

本条是关于用人单位必须依法参加工伤保险以及劳动保障行政部门加强管理确保劳动者享受工伤保险待遇的规定。

立法背景

工伤保险是社会保险的一种，其目的在于保障因工作遭受事故伤害或者患职业病的职工获得医疗救治和经济补偿，促进工伤预防和职业康复，分散用人单位的工伤风险。职业病是工伤的一种，通过工伤保险制度解决职业病病人的待遇问题，是世界多数国家的通行做法，这一做法既有利于加强职业病病人的社会保障，又有利于减轻用人单位的负担，促进经济社会全面可持续发展。从我国情况看，工伤保险制度经历了从无到有，逐步完善的过程。20世纪80年代末以来，一些地方开始逐步探索工伤保险制度。1996 年，原劳动部颁布了《企业职工工伤保险试行办法》，开始在部分地区建立工伤保险制度。这一规定的出台标志着我国的工伤保险制度逐步走上制度化、规范化的道路。同年，原劳动部还制定了《职工工伤和职业病致残程度鉴定标准》，为鉴定工伤和职业病致残程度提供了根据。2003 年，国务院通过了《工伤保险条例》，在全国范围内对工伤保险的适用范围、工伤保险基金、工伤保险的认定、工伤保险待遇、劳动能力鉴定等都做了详细规定；2010 年，国务院对《工伤保险条例》进行了修改，进一步扩大了工伤保险制度的适用范围，提高了工伤劳动者享有的工伤保险待遇水平。2010 年 10 月 28 日十一届全国人大常委会第十七次会议通过的《社会保险法》首次从法律层面对工伤保险制度作了全面的规定。从职业病病人享受工伤保险待遇的情况看，据人力资源和社会保障部等有关部门的统计，1996 年工伤保险制度在全国范围内实施以来，总的看来，实施情况良好。2011 年国务院出台政策，将工伤保险制度建立以前发生工伤事故、原本由企业自行负担待遇的 300 万“老工伤”人员纳入工伤保险统筹解决，其中也有一部分为职业病患者。至 2014 年，全国已有 2.0639 亿劳动者参加了工伤保险，有稳定劳动关系的农民工已经基本上参加了工伤保险。2014 年全国共有 198 万人享受工伤保险待遇。下一步，应当继续通过扩大工伤保险制度覆盖面，强化对用人单位依法参保的监督管理力度，从而维护劳动者依法享受职业病待遇。

条文解读

一、用人单位应当依法参加工伤保险

参加工伤保险是用人单位依法应当履行的一项义务。1996 年原劳动部公布的《企业职工工伤保险试行办法》第四条规

定："企业必须按照国家和当地人民政府的规定参加工伤保险，按时足额缴纳工伤保险费，按照本办法和当地人民政府规定的标准保障职工的工伤保险待遇。"2003 年国务院制定的《工伤保险条例》第二条规定："中华人民共和国境内的各类企业、有雇工的个体工商户应当依照本条例规定参加工伤保险，为本单位全部职工或者雇工缴纳工伤保险费。中华人民共和国境内的各类企业的职工和个体工商户的雇工，均有依照本条例的规定享受工伤保险待遇的权利。有雇工的个体工商户参加工伤保险的具体步骤和实施办法，由省、自治区、直辖市人民政府规定。"2010 年修改后的《工伤保险条例》进一步将应当参加工伤保险的用人单位的范围扩大为：中华人民共和国境内的企业、事业单位、社会团体、民办非企业单位、基金会、律师事务所、会计师事务所等组织和有雇工的个体工商户。这一范围基本上涵盖了我国现有的各种类型的用人单位。可以说，依法参加工伤保险是所有用人单位应当依法履行的一项法定义务。2010 年制定的社会保险法进一步明确了职工参加工伤保险由用人单位缴纳保险费，职工无须缴纳。

二、劳动保障行政部门应当加强对工伤保险的监督管理，确保劳动者依法享受工伤保险待遇

依法享受工伤保险待遇是劳动者享有的一项法定权利，但是目前在实践中，一些用人单位违反法律规定，不参加工伤保险的情况还大量存在，由于用人单位没有参加工伤保险，一旦发生工伤事故或者职业病危害，工伤事故受害人或者职业病病人主张权利的难度就会加大，实践中劳动者权利受损的现象时有发生。为了确保劳动者依法享受工伤保险待遇，劳动保障行政部门一是应当督促用人单位参加工伤保险，用人单位不参加的，可以依照《社会保险法》和《工伤保险条例》的有关规定依法予以制裁，追究用人单位的法律责任。二是劳动保障行政部门应当根据行业差别费率和行业内费率档次，根据不同行业的工伤风险程度确定行业的差别费率，并根据使用工伤保险基金、工伤发生率等情况在每个行业内确定费率档次。征收工伤保险费、核查用人单位的工资总额和职工人数，办理工伤保险登记，并负责保存用人单位缴费和职工享受工伤保险待遇情况的记录、进行工伤保险的调查统计、管理工伤保险基金的支出、核定工伤保险待遇、为工伤职工或者其近亲属免费提供咨询服务。经办机构与医疗机构、辅助器具配置机构在平等协商的基础上签订服务协议，并公布签订服务协议的医疗机构、辅助器具配置机构的名单。经办机构按照协议和国家有关目录、标准对工伤职工医疗费用、康复费用、辅助器具费用的使用情况进行核查，并按时足额结算费用。经办机构应当定期公布工伤保险基金的收支情况，及时向社会保险行政部门提出调整费率的建议。劳动保障行政部门、经办机构应当定期听取工伤职工、医疗机构、辅助器具配置机构以及社会各界对改进工伤保险工作的意见。劳动保障行政部门依法对工伤保险费的征缴和工伤保险基金的支付情况进行监督检查，保障劳动者享有工伤保险待遇。

相关规定

《中华人民共和国社会保险法》第 2 条、第 4 条、第 33 条~第 44 条；《工伤保险条例》；《国务院关于修改〈工伤保险条例〉的决定》。

第八条　国家鼓励和支持研制、开发、推广、应用有利于职业病防治和保护劳动者健康的新技术、新工艺、

新设备、新材料，加强对职业病的机理和发生规律的基础研究，提高职业病防治科学技术水平；积极采用有效的职业病防治技术、工艺、设备、材料；限制使用或者淘汰职业病危害严重的技术、工艺、设备、材料。

国家鼓励和支持职业病医疗康复机构的建设。

条文主旨

本条是关于国家鼓励和支持职业病防治技术的政策措施以及职业病医疗康复机构建设的规定。

立法背景

职业病防治不仅是一个管理问题，也是一个技术问题。除了用人单位应当严格落实职业病防治管理措施以外，还应当通过提高防治科技水平提高防治能力和防治质量。对用人单位而言，研制、开发、推广、应用新技术、新工艺、新设备、新材料等需要大量投入或者更新淘汰生产设备，往往在短时期内会增加企业投入，因此，必须有国家政策的鼓励和支持。另外，目前我国职业病医疗康复机构落后，一些职业病病人在得病后往往难以得到高质量的治疗和康复，为解决实践中这一突出问题，根据常委会组成人员的审议意见，2011 年修改后的职业病防治法增加了国家鼓励和支持职业病医疗康复机构建设的有关内容。

条文解读

一、通过提高职业病防治技术提高防治水平

提高职业病防治工作需要各方面齐抓共管。从监督部门的角度看，要严格执法，加强对用人单位违法行为的制裁处罚力

度；从用人单位的角度看，需要严格落实职业病防治管理措施，同时，通过积极采用新技术、新工艺、新设备、新材料提高防治水平。科学技术在职业病防治工作中具有重要的作用。在职业病防治工作中应用新技术、新工艺、新设备、新材料，有助于减少、控制和消除职业病危害的发生，进而达到防治职业病、保护劳动者身体健康的目标。因此，要努力发挥科学技术潜力，充分发挥科技在职业病防治中的作用。这就需要国家采取鼓励措施给予支持。

二、国家对职业病防治的技术政策措施

根据本条规定，国家对职业病防治的技术政策措施具体包括以下几方面的内容：

一是国家鼓励和支持研制、开发、推广、应用有利于职业病防治和保护劳动者健康的新技术、新工艺、新设备、新材料，加强对职业病的机理和发生规律的基础研究，提高职业病防治的科学技术水平。这里所讲的鼓励和支持就是要在政策措施上给予一定的帮助，具体措施可以包括税收优惠、金融支持等，鼓励和支持更多的用人单位采用新技术、新工艺、新设备、新材料；鼓励生产工艺、技术、设备和材料的革新，以无职业病危害的新技术、新工艺、新设备、新材料代替有害的技术、工艺、设备和材料。鼓励从临床学的角度出发，研究职业病的发生发展规律和职业病的防治方法。

二是积极采用有效的职业病防治技术、工艺、设备、材料。“积极采用”就是鼓励用人单位主动、自觉地采用有效的职业病防治技术、工艺、设备、材料，尽可能使用无害的替代产品，不断提高生产过程的自动化程度等。

三是限制使用或者淘汰职业病危害严重的技术、工艺、设备、材料。所谓“限制使用”，就是在没有采取特别的保护措施的条件下，任何单位和个人不得使用职业病危害严重的技术、工艺、设备和材料。所谓“淘汰”，是指国家行政机关按照一定的程序，采用行政的措施，对涉及技术落后、污染环境、危及人体健康等方面的因素的技术、工艺、设备、材料，宣布不得继续生产、销售、使用，任何单位和个人对职业病危害严重的某项“技术、工艺、设备、材料”不能再使用。

四是鼓励和支持职业病医疗康复机构建设。这里的“鼓励和支持”是指国家对职业病医疗康复机构建设给予财政资金支持以及其他方面的优惠。从实际情况看，近年来，国家财政不断加大对职业病防治机构，尤其是中西部地区、经济欠发达地区职业病防治机构的资金投入，进一步方便职业病病人及时获得职业健康检查，进行诊断治疗以及身体康复。在这一背景下，职业病医疗康复机构建设取得了很大成绩，但是，实践中，由于我国职业病病人底数不清，到底有多少职业病病人缺乏准确的统计，在这种情况下，更是要加大职业病防治机构的建设，尤其是要鼓励和支持职业病医疗康复机构建设，提高治疗康复水平，完善服务质量。

第九条　国家实行职业卫生监督制度。

国务院安全生产监督管理部门、卫生行政部门、劳动保障行政部门依照本法和国务院确定的职责，负责全国职业病防治的监督管理工作。国务院有关部门在各自的职责范围内负责职业病防治的有关监督管理工作。

县级以上地方人民政府安全生产监督管理部门、卫生行政部门、劳动保障行政部门依据各自职责，负责本

行政区域内职业病防治的监督管理工作。县级以上地方人民政府有关部门在各自的职责范围内负责职业病防治的有关监督管理工作。

县级以上人民政府安全生产监督管理部门、卫生行政部门、劳动保障行政部门（以下统称职业卫生监督管理部门）应当加强沟通，密切配合，按照各自职责分工，依法行使职权，承担责任。

条文主旨

本条是关于职业卫生监督制度和职业病防治监督管理体制的规定。

立法背景

2001 年《职业病防治法》规定：国务院卫生行政部门统一负责全国职业病防治的监督管理工作。国务院有关部门在各自的职责范围内负责职业病防治的有关监督管理工作。县级以上地方人民政府卫生行政部门负责本行政区域内职业病防治的监督管理工作。县级以上地方人民政府有关部门在各自的职责范围内负责职业病防治的有关监督管理工作。职业病防治法颁布实施以来，我国对职业卫生监督管理职能多次进行了调整。具体经历了以下过程：

1. 2003 年，中编办对卫生部与安全生产监督管理总局的职业卫生监督管理职能作了分工，《关于国家安全生产监督管理局（国家煤矿安全监察局）主要职责内设机构和人员编制调整意见的通知》（中央编办发〔2003〕15 号文件）规定，卫生部负责起草职业卫生法律法规草案，拟订职业卫生标准，规范职业病的预防、保健、检查和救治，负责职业卫生技术服务机构资质认定和职业卫生评价及化学品毒性鉴定工作。国家安全生产监督管理总局、国家煤矿安全监察局负责作业场所职业卫生的监督检查工作，负责职业卫生安全许可证的颁发管理，组织查处职业危害事故和有关违法违规行为。卫生部、国家安全生产监督管理总局、国家煤矿安全监察局按照职责分工，建立完善协调机制，加强配合，共同做好相关工作。

2. 2005 年 1 月 17 日，卫生部公布《关于职业卫生监督管理职责分工意见的通知》，对卫生部和国家安全生产监督管理局之间的职业卫生监督管理职责进一步作了明确分工，其中规定卫生部门在职业病防治工作中的职责为：拟订职业卫生法律、法规和标准；负责对用人单位职业健康监护情况进行监督检查，规范职业病的预防、保健，并查处违法行为；负责职业卫生技术服务机构资质认定和监督管理；审批承担职业健康检查、职业病诊断的医疗卫生机构并进行监督管理，规范职业病的检查和救治；负责化学品毒性鉴定管理工作；负责对建设项目进行职业病危害预评价审核、职业病防护设施设计、卫生审查和竣工验收。安全监管部门职责为：负责制定作业场所职业卫生监督检查、职业危害事故调查和有关违法、违规行为处罚的法规、标准并监督实施；负责作业场所职业卫生的监督检查，依照《使用有毒物品作业场所劳动保护条例》发放职业卫生安全许可证；负责职业危害申报，依法监督生产经营单位贯彻执行国家有关职业卫生法律、法规、规定和标准情况；组织查处职业危害事故和有关违法、违规行为；组织指导、监督检查生产经营单位职业安全培训工作。各级煤矿安全监察机构根据上述内容负责煤矿企业作业场所的职业卫生监督管理工作。同时，二者建立部门间的协调工作机制，其中包括：卫生部制定或发布涉及作业场所的法规应与国家安全生产监督管理局共同研究、协商；两个部门每年召开一次协调会，通报有关情况，协调有关工作。卫生部门对健康监护监督检查工作中发现的重要问题要及时向安全监管部门通报，安全监管部门要将作业场所职业危害申报情况、职业卫生安全许可证发放情况及监督检查中发现的重要问题及时向卫生部门通报；卫生部门认定的职业卫生技术服务机构承担作业场所的检测、出证和评价等技术工作时，应及时就有关情况向当地安全监管部门汇报，安全监管部门如发现违法行为应及时通报卫生部门予以查处；各地应尽快理顺工作关系，切实履行职责。卫生部门和安全监管部门在职能划转期间，要做好协调工作，防止出现工作上的缺位和越位。

3. 2010 年 10 月 8 日，中编办公布《关于职业卫生监管部门职责分工的通知》，对卫生部、安全生产监督管理总局、人力资源和社会保障部以及全国总工会四个部门的职业卫生监管职责进一步作了明确分工，其中规定卫生部的职责为：（1）负责会同安全监管总局、人力资源和社会保障部等有关部门拟订职业病防治法律法规、职业病防治规划，组织制定发布国家职业卫生标准。（2）负责监督管理职业病诊断与鉴定工作。（3）组织开展重点职业病监测和专项调查，开展职业健康风险评估，研究提出职业病防治对策。（4）负责化学品毒性鉴定、个人剂量监测、放射防护器材和含放射性产品检测等技术服务机构的资质认定和监督管理；审批承担职业健康检查、职业病诊断的医疗卫生机构并进行监督管理，规范职业病的检查和救治；会同相关部门加强职业病防治机构建设。（5）负责医疗机构放射性危害控制的监督管理。（6）负责职业病报告的管理和发布，组织开展职业病防治科学研究。（7）组织开展职业病防治法律法规和防治知识的宣传教育，开展职业人群健康促进工作。安全监管总局的职责为：（1）起草职业卫生监管有关法规，制定用人单位职业卫生监管相关规章。组织拟订国家职业卫生标准中的用人单位职业危害因素工程控制、职业防护设施、个体职业防护等相关标准。（2）负责用人单位职业卫生监督检查工作，依法监督用人单位贯彻执行国家有关职业病防治法律法规和标准情况。组织查处职业危害事故和违法违规行为。（3）负责新建、改建、扩建工程项目和技术改造、技术引进项目的职业卫生“三同时”审查及监督检查。负责监督管理用人单位职业危害项目申报工作。（4）负责依法管理职业卫生安全许可证的颁发工作。负责职业卫生检测、评价技术服务机构的资质认定和监督管理工作。组织指导并监督检查有关职业卫生培训工作。（5）负责监督检查和督促用人单位依法建立职业危害因素检测、评价、劳动者职业健康监护、相关职业卫生检查等管理制度；监督检查和督促用人单位提供劳动者健康损害与职业史、职业危害接触关系等相关证明材料。（6）负责汇总、分析职业危害因素检测、评价、劳动者职业健康监护等信息，向相关部门和机构提供职业卫生监督检查情况。人力资源和社会保障部的职责为：（1）负责劳动合同实施情况监管工作，督促用人单位依法签订劳动合同。（2）根据职业病诊断结果，做好职业病人的社会保障工作。全国总工会依法参与职业危害事故调查处理，反映劳动者职业健康方面的诉求，提出意见和建议，维护劳动者合法权益。《通知》明确要求各有关部门要切实履行各自职责，在职业病防治工作部际联席会议框架下，协调配合，共同做好职业病防治工作。由此，我国的职业卫生监管工作形成了主要由安全生产监督管理、卫生、劳动保障部门三家分别负责职业病预防、治疗和保障的格局。

本条规定即是在中编办关于职业卫生监管职责分工文件精神的指引下，对职业卫生监管部门的职责分工作了相应的修改。修改的重点内容是将作业场所职业卫生监管职能由卫生部门调整为安全生产监督管理部门，之所以作这样的调整，主要是考虑到由卫生部门负责对用人单位实施监督检查难度较大，作业场所职业卫生与安全生产工作关系密切，安全生产监督管理部门监管力量强，由其对用人单位实施统一监管，有利于避免多头执法，更好地落实用人单位的职业病防治责任。2003 年，中编办已将作业场所职业卫生监管职能由卫生部划归安全生产监督管理总局，这次进一步调整有利于保持政策的连续性。作业场所职业卫生监管职责划转后，安全生产监督管理部门技术力量缺乏的问题可以通过大力发展职业卫生技术服务中介机构、加强各部门技术服务力量的共享来解决，尽量不另起炉灶，造成国家资源浪费。

国务院提交的职业病防治法修正案草案中规定，县级以上地方人民政府负责工作场所职业卫生监督管理的部门、卫生行政部门、劳动保障行政部门根据各自职责，负责本行政区域内职业病防治的监督管理工作。在职业病防治法修正案草案提交常委会审议的过程中，有些委员提出，中编办关于中央一级职业卫生监管职责的分工符合我国国情，较为科学。目前较为突出的问题是，尽管中央一级作业场所职业卫生监管工作已经明确由安全生产监督管理总局负责，一些地方职责调整尚不到位，有些仍由卫生部门负责，安全生产监督管理总局的监管工作难以往下顺利开展，情况通报、信息共享都很难。为确保政令畅通、上下一致，建议将草案中规定的县级以上地方人民政府“负责工作场所职业卫生监督管理的部门”进一步明确为“安全生产监督管理部门”。考虑到中编办已经明确在中央一级由安全生产监督管理总局负责工作场所职业卫生监督管理工作，且目前多数地方已经按照中编办的文件精神将工作场所职业卫生监管职能由卫生部门调整为安全生产监督管理部门，因此，根据常委会组成人员的审议意见，2011 年修改后的《职业病防治法》明确无论是在中央还是地方，均由安全生产监督管理、卫生、劳动保障三个部门根据各自职责负责相应的职业病防治监督管理工作。

条文解读

一、职业卫生监督制度

职业卫生监督制度是职业卫生监督管理的基本制度，包括各种管理方法、手段、程序和职业卫生要求。根据本法有关规定，职业卫生监督，包括职业病危害前期预防监督、劳动过程中防护与管理的监督、职业病诊断与职业病病人保障监督、职业卫生执法监督。

国家实行职业卫生监督制度，有利于加强对职业卫生的全方位、全过程的监督管理，有利于依法规范职业病防治活动，打击违法犯罪行为，保护劳动者的合法权益。

二、职业病防治的监督管理体制

职业病防治的监督管理体制，是指国家对职业病防治工作实施监督管理所采取的组织形式和基本制度，它是国家有关职业病防治法律、法规和方针、政策得以贯彻执行的组织保障和制度保障。国家职业病防治监督管理体制由法律、行政法规规定。根据本条规定，我国的职业病防治监督管理体制实行县级以上人民政府卫生、安全生产监督管理、劳动保障部门的监督管理，与县级以上人民政府有关行政部门的监督管理相结合的体制，即国务院卫生、安全生产监督管理、劳动保障部门根据职业病防治法和国务院确定的职责负责全国职业病防治的监督管理工作；县级以上地方人民政府卫生、安全生产监督管理、劳动保障部门在各自的职责范围内负责本行政区域内职业病防治的监督管理工作。县级以上人民政府有关部门在各自的职业范围内负责职业病的有关监督管理工作。

各级职业病防治监督管理部门必须摆正自己的位置，忠于职守，秉公执法，通力合作，依法行使职权、履行义务，保证国家有关职业病防治的法律、法规和方针政策得以有效实施。

相关规定

《关于职业卫生监督管理职责分工意见的通知》；中央机构编制委员会办公室《关于职业卫生监管部门职责分工的通知》。

第十条　国务院和县级以上地方人民政府应当制定职业病防治规划，将其纳入国民经济和社会发展计划，并组织实施。

县级以上地方人民政府统一负责、领导、组织、协调本行政区域的职业病防治工作，建立健全职业病防治工作体制、机制，统一领导、指挥职业卫生突发事件应对工作；加强职业病防治能力建设和服务体系建设，完善、落实职业病防治工作责任制。

乡、民族乡、镇的人民政府应当认真执行本法，支持职业卫生监督管理部门依法履行职责。

条文主旨

本条是关于各级人民政府职业病防治工作职责的规定。

立法背景

职业病防治规划是职业病防治工作的指导方针。改革开放以来，我国先后出台了多个职业病防治规划，2009年，国务院办公厅下发了《国家职业病防治规划（2009~2015年）》，该《规划》对2009年至2015年期间职业病防治工作的指导思想、具体措施等作了指引性的规定。各地方根据国家的防治规划，结合各地的实际情况，也纷纷出台了有关的职业病防治规划。职业病防治工作是国家经济社会发展中应当统筹考虑的一项重要内容，因此，应当将职业病防治规划纳入国民经济和社会发展计划并组织实施。2011年修改后的《职业病防治法》新增一款对县级以上地方政府的职业病防治责任作了明确规定，主要是要进一步落实职业病防治工作责任制，一旦某一地区发生重大职业病危害事故，该地方政府负责人应当承担相应的法律责任或者依法给予党纪、政纪处分。

条文解读

按照本条规定，人民政府在职业病防治方面的职责包括以下两个方面：

一、制定职业病防治规划

根据本条第一款规定，制定职业病防治规划的主体是国务院和县级以上地方人民政府，制定职业病防治规划的基本要求有两个：一是将职业病防治规划纳入本级人民政府的国民经济和社会发展计划；二是要组织实施，即采取措施落实规划，实现规划。

二、县级以上地方人民政府的职业病防治职责

根据本条第二款的规定，地方政府对职业病防治工作起着重要作用：一是统一负责、领导、组织、协调本行政区域的职业病防治工作，尤其是要协调好安全生产监督管理、卫生、劳动保障几个监管部门之间的职责分工，使它们各司其职，共同做好职业病防治工作；二是应当建立健全职业病防治工作体制、机制，尤其是要进一步理顺当地的职业卫生监督管理体制，避免出现部门之间相互推诿职责；三是统一领导、指挥职业卫生突发事件应对工作，尤其是在发生重大的职业病危害事故后，应当协调安全生产监督管理、卫生、劳动保障部门共同处置危害事故，处理好职业病病人各方面的保障；四是加强职业病防治能力建设和服务体系建设，即各级政府通过加大财政投入，支持防治机构改善职业病防治工作硬件配置以及软件服务水平，开展对职业病防治机构及其工作人员的培训教育工作；五是完善、落实职业病防治工作责任制，主要是要对用人单位履行法定义务的情况进行监督检查。

三、乡镇一级政府应当认真执行本法

根据本条第三款规定，乡、民族乡、镇的人民政府应当认真执行本法。目前，我国一些乡镇企业和分散的小企业职业病危害较多，分析产生的原因，除了用人单位不重视职业病防治工作外，另一个重要原因就是存在地方保护主义，致使职业卫生监督管理部门在一些乡镇难以开展职业病防治监督管理方面的工作。为了有效预防、控制和消除职业病危害，保护劳动者的合法权益，本条规定了“乡、民族乡、镇的人民政府应当认真执行本法，支持职业卫生监督管理部门依法履行职责”。这里所讲的认真执行本法，就是要自觉学习、宣传本法，不折不扣地贯彻执行本法。所谓支持职业卫生监督管理部门依法履行职责，就是要打破地方保护主义，不要充当违法单位和人员的保护伞，为职业卫生监督管理部门依法履行职责提供便利。

相关规定

《国务院办公厅关于印发〈国家职业病防治规划（2009—2015 年）〉的通知》。

第十一条　县级以上人民政府职业卫生监督管理部门应当加强对职业病防治的宣传教育，普及职业病防治的知识，增强用人单位的职业病防治观念，提高劳动者的职业健康意识、自我保护意识和行使职业卫生保护权利的能力。

条文主旨

本条是关于加强职业病防治宣传教育的规定。

立法背景

职业病是严重危害劳动者健康的疾病，是劳动者在职业活动中接触职业病危害因素而引起的疾病，但在发病前往往不被人们重视，劳动者也普遍缺少职业病防治方面的知识，成为我国职业病高发的原因之一。加强职业病防治的宣传教育，普及职业病防治知识，增强劳动者的防范意识，是职业病防治工作的一项重要内容，是预防职业病的重要手段，不仅能提高各级领导干部和广大劳动者对职业病防治工作重要性的认识，提高贯彻执行职业病防治法律、法规的自觉性，而且还能使广大劳动者掌握职业病防护的科学知识，提高职业健康意识、自我保护意识和依法行使职业卫生保护权利的能力。2011 年修改后的《职业病防治法》在原法提高劳动者自我保护意识的基础上，增加规定了提高劳动者的职业健康意识和行使职业卫生保护权利的能力。

条文解读

根据本条规定，县级以上人民政府职业卫生监督管理部门是加强职业病防治宣传教育的主体。职业病防治的宣传教育应侧重于职业病防治法律、法规、劳动纪律方面的教育；职业病防治的科学技术知识教育；职业病防治设施、设备防护用品及防治措施的教育、典型案例教育等。教育的对象主要是用人单位和劳动者。教育要实现的目标：一是普及职业病防治的知识，让所有相关的人员了解职业病的危害及防治；二是增强用人单位的职业病防治观念，认真执行职业病防治法律、法规，做好职业病防治工作；三是提高劳动者的职业健康意识、自我保护意识和行使职业卫生保护权利的能力，促使劳动者自觉遵守职业病防治法律、法规，对用人单位违反职业病防治法律、法规的行为进行监督、检举和控告。县级以上人民政府卫生行政部门和其他有关部门应当担负起宣传教育的职责，运用各种宣传手段和方式普及职业病防治知识，维护劳动者的健康权益。

第十二条　有关防治职业病的国家职业卫生标准，由国务院卫生行政部门组织制定并公布。

国务院卫生行政部门应当组织开展重点职业病监测和专项调查，对职业健康风险进行评估，为制定职业卫

生标准和职业病防治政策提供科学依据。

县级以上地方人民政府卫生行政部门应当定期对本行政区域的职业病防治情况进行统计和调查分析。

条文主旨

本条是关于职业卫生标准、重点职业病监测和专项调查以及职业病防治情况统计和调查分析的规定。

立法背景

职业卫生标准是开展职业病防治工作的重要技术规范，是职业病防治工作实践的经验总结，贯穿职业病防治工作的全过程。用人单位开展职业病防治工作没有职业卫生标准不行；从事职业病诊断、鉴定没有职业卫生标准不行；监督管理部门实施职业病防治监督管理没有职业卫生标准也不行。可以说，没有职业卫生标准，衡量职业病防治工作，保护劳动者合法权益就没有标准。为确保国家职业卫生标准的科学性，标准制定应当有科学根据，2011 年修改后的《职业病防治法》增加规定国务院卫生行政部门应当组织开展重点职业病监测和专项调查，对职业健康风险进行评估。通过上述监测、调查和评估活动的开展，能够掌握第一手的材料，了解职业病防治工作的实践需求，在此基础上出台的标准才能真正符合实际并发挥作用。此外，考虑到我国当前职业病防治情况底数不清，职业病危害群体、患者人数等缺乏准确的统计，2011 年修改时本条还新增了有关职业病防治情况统计和调查分析的规定。

条文解读

一、国家职业卫生标准由国务院卫生行政部门组织制定并公布

国家职业卫生标准专业性、技术性强，要求颁布及时、准确、全国统一，以确保本法的各项规范得以全面执行。因此，本条规定有关防治职业病的国家职业卫生标准由国务院卫生行政部门组织制定并公布。这里需要说明的是，按照标准化法的规定，国家标准由国务院标准化行政主管部门制定，法律对标准的制定另有规定的依照法律的规定执行，本法相对标准化法来讲，“有关防治职业病的国家职业卫生标准”的规定，属于“另有规定”。国务院卫生行政部门应当依照本条规定，根据我国职业病防治工作的需要和可能，及时组织制定、修订并公布有关防治职业病的国家职业卫生标准，规范职业病防治工作，提高职业病防治水平，保护劳动者合法权益。

二、开展重点职业病监测、专项调查和对职业健康风险进行评估

重点职业病监测和专项调查是指对接触重点职业病危害因素的人群，按照法规、标准的要求，收集健康状况改变及其相关信息，分析重点职业病发病特点、规律和趋势，评价重点职业病预防控制效果，为制定职业卫生标准和组织开展职业病防治工作提供根据。当前，尘肺病和各类急、慢性职业中毒是职业病危害的主体，二者相加占职业病人总数的90%以上，为此，国务院卫生行政部门高度重视对尘肺病等重点职业病的监测和专项调查工作。通过开展尘肺病等重点职业病监测和专项调查工作，有助于了解重点职业病的发病状况和影响因素，分析职

业病危害因素对特定人群健康影响及重点职业病的发病特点、规律和趋势，制定重点职业病的防治政策和措施。重点职业病监测和专项调查的内容包括设置监测哨点，收集职业健康监护资料，收集辖区人口、经济发展水平、产业结构、危害企业情况等基本资料，以及职业病发病情况，职业卫生技术服务机构、诊断鉴定机构开展职业病医疗诊断活动的有关情况等等。

职业健康风险评估是指对作业过程中因职业病危害因素可能给劳动者健康带来的风险进行的评估活动。进行职业健康风险评估，有助于确定职业病危害的程度及其对劳动者健康的影响程度。

三、职业病防治情况统计和调查分析

职业病防治情况包括职业病危害情况，职业健康检查的情况，职业病发病情况、病人数量等等。通过对统计数据进行分析，为预防、控制和消除职业病危害，制定科学合理的改革措施，有效监督管理职业病防治工作提供基础依据。

相关规定

《中华人民共和国标准化法》第 6 条。

第十三条　任何单位和个人有权对违反本法的行为进行检举和控告。有关部门收到相关的检举和控告后，应当及时处理。

对防治职业病成绩显著的单位和个人，给予奖励。

条文主旨

本条是关于检举、控告违法行为和奖励取得显著成绩的单位和个人的规定。

立法背景

职业病防治工作关系到广大劳动者的切身利益，应当发挥群防群治的工作优势。赋予任何单位和个人对违法行为检举控告的权利，有利于监管部门及时发现违法行为的线索，通过严格执法依法维护广大劳动者的合法权益。此外，对防治职业病成绩显著的单位和个人给予奖励，其目的在于鼓励先进，促使用人单位和有关个人更好地做好职业病防治工作。2011 年《职业病防治法》修改过程中，根据常委会组成人员的审议意见，本条第一款增加了有关部门收到相关的检举和控告后，应当及时处理的规定。这一规定有利于进一步鼓励单位和个人更加积极的对违法行为进行检举和控告，同时，也能够增强检举、控告的时效性和实效性，有关部门通过相对人的检举和控告，能够及时发现违法行为线索，对违法行为经查证属实后，及时予以处理。

条文解读

一、对违法行为的检举和控告

根据本条规定，任何单位和个人有权对违反本法的行为进行检举和控告，目的是使本法所规定的防治职业病的各项规范得以落实，将职业病防治工作置于社会监督之下，促使有关单位和人员严格执法，认真履行本法所规定的各项义务。检举和控告违法行为是任何组织和公民的权利，受法律保护。有关部门收到相关的检举和控告后，应当及时处理。

二、对有关人员的奖励

为了有效预防、控制和消除职业病危害，保护劳动者合法权益，本条规定“对防治职业病成绩显著的单位和个人，给予奖励”。这是一种鼓励奖，奖励的对象是防治职业病成绩显著的单位和个人，比如在职业病防治工作方面有重大的技术突破、在职业病防治监督管理方面有重要的贡献等。奖励包括精神奖励和物质奖励两大类。关于实施奖励的主体本法未作规定，可以是人民政府、政府部门、用人单位和其他组织。

第二章 前期预防

第十四条 用人单位应当依照法律、法规要求，严格遵守国家职业卫生标准，落实职业病预防措施，从源头上控制和消除职业病危害。

条文主旨

本条是关于用人单位职业病防治义务的原则规定。

立法背景

职业病重在预防，尤其是前期预防，最重要的是要从源头上控制和消除职业病危害。在2011年《职业病防治法修正案（草案）》提交全国人大常委会审议过程中，许多委员提出要进一步加强预防措施，完善有关预防的规定，加强源头管理。因此，本条对用人单位的职业病防治义务作了原则的规定。

条文解读

为确保从源头上控制和消除职业病危害，本条对用人单位应当履行的职业病防治义务作了以下原则规定：

一、用人单位应当严格遵守国家职业卫生标准

职业卫生标准是开展职业病防治工作的重要技术规范。国家职业卫生标准分为强制性标准和推荐性标准，其中多数为强制性标准。这里所讲的用人单位应当严格遵守国家职业卫生标准，主要是指应当遵守强制性的国家职业卫生标准，对于推荐性的国家职业卫生标准，用人单位可以选择适用。另外，根据标准化法的有关规定，对没有国家标准而又需要在全国某个行业范围内统一的技术要求，可以制定行业标准。没有国家标准和行业标准的，企业应当制定企业标准；已有国家标准或者行业标准的，国家鼓励企业制定严于国家标准或者行业标准的企业标准，在企业内部适用。

二、用人单位应当落实职业病预防措施

本法对用人单位应当履行的职业病预防措施作了明确规定，其中包括在项目建设阶段，建设单位应当进行职业病危害预评价和控制效果评价制度以及实施职业卫生防护设施“三同时”制度；在劳动过程中的职业病防护方面，应当如实告知劳动者所从事岗位的职业病危害情况，定期检测工作场所的危害因素并向监管部门报告检测结果，采用有效的职业病防护设施并为劳动者提供个人使用的职业病防护用品，组织劳动者进行健康检查并为其建立职业健康监护档案等等。用人单位在生产经营活动中应当严格遵守上述规定，不折不扣地落实法律、法规中规定的职业病预防措施，有效地控制和消除职业病危害，防止职业病的发生。

相关规定

《中华人民共和国安全生产法》第10条；《中华人民共和国标准化法》第6条。

第十五条　产生职业病危害的用人单位的设立除应当符合法律、行政法规规定的设立条件外，其工作场所还应当符合下列职业卫生要求：

（一）职业病危害因素的强度或者浓度符合国家职业卫生标准；

（二）有与职业病危害防护相适应的设施；

（三）生产布局合理，符合有害与无害作业分开的原则；

（四）有配套的更衣间、洗浴间、孕妇休息间等卫生设施；

（五）设备、工具、用具等设施符合保护劳动者生理、心理健康的要求；

（六）法律、行政法规和国务院卫生行政部门、安全生产监督管理部门关于保护劳动者健康的其他要求。

条文主旨

本条是关于产生职业病危害的用人单位的设立及对其工作场所职业卫生要求的规定。

立法背景

在我国，用人单位的形式多种多样，既有公司、个人独资企业，也有合伙组织、个体工商户等，各种类型的用人单位在设立过程中，都应当符合一定的条件并依法经由登记机关登记后，方可开展活动。与普通的用人单位比较，产生职业病危害的用人单位对劳动者的健康权益具有重大影响，其设立除了应当符合一般用人单位应当具备的条件外，还应当根据职业病防治工作的实践需要，具备某些特殊的条件或者符合某些特殊的要求。这些条件或者要求主要涉及劳动者健康权益的保护，用人单位只有达到这些条件或者符合这些要求，方可开展生产经营活动。

条文解读

一、我国有关法律、行政法规如民法通则、公司法、合伙企业法、个人独资企业法、公司登记管理条例等对用人单位的设立作出了具体规定。例如，《公司法》第二十三条规定："设立有限责任公司，应当具备下列条件：（一）股东符合法定人数；（二）股东出资达到法定资本最低限额；（三）股东共同制定公司章程；（四）有公司名称，建立符合有限责任公司要求的组织机构；（五）有公司住所。"具体到产生职业病危害的用人单位的设立，除了应当符合法律、行政法规规定的设立条件外，本条还特别规定了其工作场所应当符合的要求。

二、根据本条规定，产生职业病危害的用人单位的工作场所应当符合下列职业卫生要求：

1. 职业病危害因素的强度或者浓度符合国家职业卫生标准。即依照本法规定，在职业活动中存在的各种有害的化学、物理、生物因素以及在作业过程中产生的其他职业有害因素符合国家职业卫生标准，如生产过程中化学物质、粉尘的浓度、电离辐射的强度在国家职业卫生标准规定的范围内。

2. 有与职业病危害防护相适应的设施。职业病防护设施是指在职业病防治工作中，为保护劳动者健康、治理职业病危害、预防职业病发生而采取的一切措施的总称，包括治理职业病危害的设备、采取的预防职业病发生的工程措施等。本项强调的是这些设施要与职业病防护相适应，即能够满足职业病防护的要求。

3. 生产布局合理，符合有害与无害作业分开的原则。生产布局涉及如何组织生产的问题。合理的生产布局应当符合职业卫生要求，避免有害作业和无害作业交叉进行，便于集中作业管理。

4. 有配套的更衣间、洗浴间、孕妇休息间等卫生设施。各项卫生设施要能满足职业病防护设施和职工（包括孕期女工）卫生保健的需要。

5. 设备、工具、用具等设施符合保护劳动者生理、心理健康的要求。避免因劳动组织和劳动制度不合理，劳动工具、用具、设备不符合要求，导致劳动者劳动强度过大、过度精神或者心理紧张，长时间在不良体位下作业等损害劳动者健康的情形发生。

6. 法律、行政法规和国务院卫生行政部门、安全生产监督管理部门关于保护劳动者健康的其他要求。即用人单位的工作场所除符合上述五项条件外，法律、行政法规和国务院卫生行政部门、安全生产监督管理部门有关于保护劳动者健康的其他要求也应一体遵守。

本条规定是对职业病危害进行前期预防的最基本要求。产生职业病危害的用人单位必须认真执行。

相关规定

《中华人民共和国劳动法》第 53 条；《中华人民共和国公司法》第 23 条、第 77 条；《中华人民共和国合伙企业法》第 14 条；《中华人民共和国个人独资企业法》第 8 条。

第十六条　国家建立职业病危害项目申报制度。

用人单位工作场所存在职业病目录所列职业病的危害因素的，应当及时、如实向所在地安全生产监督管理

部门申报危害项目，接受监督。

职业病危害因素分类目录由国务院卫生行政部门会同国务院安全生产监督管理部门制定、调整并公布。职业病危害项目申报的具体办法由国务院安全生产监督管理部门制定。

条文主旨

本条是关于职业病危害项目申报制度的规定。

立法背景

职业病危害项目申报制度是职业病预防工作中的一个重要环节。通过危害项目申报，职业卫生监管部门可以掌握用人单位职业病危害的有关情况，确定其重点监督检查的领域。中编办调整职业卫生监管部门职责分工后，职业病危害项目申报监管已由卫生行政部门调整为安全生产监督管理部门，2011 年修改后的《职业病防治法》根据中编办关于职业卫生监督管理职责分工文件的精神从法律上明确了安全生产监督管理部门在职业病危害项目申报监管中的职责。

条文解读

一、本条第一款从法律上确立了建立职业病危害项目的申报制度。之所以这样规定，是考虑到职业病防治工作重点在于预防，过去由于没有建立申报制度，政府有关监管部门难以全面掌握职业病危害项目的分布及具体危害情况，以致出现滞后管理的现象。一些企业只顾自身利益，采取短期行为，对职业病危害因素严重超标的工作场所熟视无睹，不治理、不给劳动者配备有效的个人防护用品，无视劳动者健康，严重损害了劳动者的健康权益，由此可见，对于产生职业病危害的项目必须要加强监督，不能失控，听任其伤害劳动者，确立职业病危害项目的申报制度十分必要。这一制度充分体现了“预防为主、防治结合”的卫生工作方针，通过用人单位对职业病危害项目的申报，可以有效地预防、控制和消除职业病危害，防治职业病，保护劳动者健康及其相关权益，促进经济和社会的健康发展。

二、根据本条第二款的规定，用人单位申报的项目范围是依法公布的职业病目录所列职业病危害项目。职业病目录由国务院卫生行政部门会同国务院安全生产监督管理部门、国务院劳动保障行政部门制定、调整并公布。职业病危害项目申报的主要内容包括用人单位的基本情况，职业病危害项目名称，生产或者使用的主要原料、中间品、产品，主要生产工艺，工作场所职业病危害因素种类、浓度或者强度，产生或者存在职业病危害因素的设备或者工序，作业方式，职业卫生防护设施，应急救援设施等。接受用人单位申报的部门是安全生产监督管理部门。用人单位申报时必须遵循两项原则：一是及时，即用人单位必须根据项目的特点和安全生产监督管理部门的要求及时向安全生产监督管理部门主动申报；二是如实，即用人单位应当将项目的全部情况实事求是地向安全生产监督管理部门申报，接受安全生产监督管理部门依法的监督。

三、考虑到所列职业病危害项目的申报涉及具体申报主体、申报内容、申报方式、申报程序和申报的处理等许多问题，不能在本法中一一作出规定，因此，本条第三款授权国务院安全生产监督管理部门制定职业病危害项目申报的具体办法。这对加强职业病危害项目的监督、规范职业病危害项目的申报管理是非常必要的。

1. 非煤矿职业病危害项目的申报。国家安全生产监督管理总局于2012年4月27日颁布了《职业病危害项目申报办法》，根据该《办法》的规定，用人单位（煤矿除外）工作场所存在职业病目录所列职业病的危害因素的，应当及时、如实向所在地安全生产监督管理部门申报危害项目，并接受安全生产监督管理部门的监督管理。职业病危害项目，是指存在职业病危害因素的项目。职业病危害项目申报工作实行属地分级管理的原则。中央企业、省属企业及其所属用人单位的职业病危害项目，向其所在地设区的市级人民政府安全生产监督管理部门申报，其他用人单位的职业病危害项目，向其所在地县级人民政府安全生产监督管理部门申报。用人单位申报职业病危害项目时，应当提交《职业病危害项目申报表》和下列文件、资料：用人单位的基本情况；工作场所职业病危害因素种类、分布情况以及接触人数；法律、法规和规章规定的其他文件、资料。职业病危害项目申报同时采取电子数据和纸质文本两种方式。用人单位应当首先通过"职业病危害项目申报系统"进行电子数据申报，同时将《职业病危害项目申报表》加盖公章并由本单位主要负责人签字后，按照本办法第四条和第五条的规定，连同有关文件、资料一并上报所在地设区的市级、县级安全生产监督管理部门。受理申报的安全生产监督管理部门应当自收到申报文件、资料之日起5个工作日内，出具《职业病危害项目申报回执》。职业病危害项目申报不得收取任何费用。用人单位有下列情形之一的，应当按照本条规定向原申报机关申报变更职业病危害项目内容：进行新建、改建、扩建、技术改造或者技术引进建设项目的，自建设项目竣工验收之日起30日内进行申报；因技术、工艺、设备或者材料等发生变化导致原申报的职业病危害因素及其相关内容发生重大变化的，自发生变化之日起 15 日内进行申报；用人单位工作场所、名称、法定代表人或者主要负责人发生变化的，自发生变化之日起 15 日内进行申报；经过职业病危害因素检测、评价，发现原申报内容发生变化的，自收到有关检测、评价结果之日起 15 日内进行申报。用人单位终止生产经营活动的，应当自生产经营活动终止之日起 15 日内向原申报机关报告并办理注销手续。受理申报的安全生产监督管理部门应当建立职业病危害项目管理档案。职业病危害项目管理档案应当包括辖区内存在职业病危害因素的用人单位数量、职业病危害因素种类、行业及地区分布、接触人数等内容。安全生产监督管理部门应当依法对用人单位职业病危害项目申报情况进行抽查，并对职业病危害项目实施监督检查。安全生产监督管理部门及其工作人员应当保守用人单位商业秘密和技术秘密。违反有关保密义务的，应当承担相应的法律责任。

2. 煤矿职业病危害项目的申报。2015 年 2 月 28 日国家安全生产监督管理总局颁布的《煤矿作业场所职业病危害防治规定》规定，煤矿作业场所职业病危害（以下简称职业病危害），是指由粉尘、噪声、热害、有毒有害物质等因素导致煤矿劳动者职业病的危害。煤矿应当制定职业病危害防治年度计划和实施方案，并建立健全职业病危害项目申报制度。煤矿在申领、换发煤矿安全生产许可证时，应当如实向驻地煤矿安全监察机构申报职业病危害项目，同时抄报所在地安全生产监督管理部门。煤矿申报职业病危害项目时，应当提交下列文件、资料：煤矿的基本情况；煤矿职业病危害防治领导机构、管理机构情况；煤矿建立职业病危害防治制度情况；职业病危害因素名称、监测人员及仪器设备配备情况；职业病防护设施及个体防护用品配备情况；煤矿主要负责人、职业卫生管理人员及劳动者职业卫生培训情况证明材料；劳动者职业健康检查结果汇总资料，存在职业禁忌症、职业健康损害或者职业病的劳动者处理和安置情况记录；职业病危害警示标识设置与告知情况；煤矿职业卫生档案管理情况；法律、法规和规章规定的其他资料。安全生产监督管理部门和煤矿安全监察机构及其工作人员应当对煤矿企业职业病危害项目申报材料中涉及的商业和技术等秘密保密。违反有关保密义务的，应当承担相应的法律责任。

相关规定

《职业病危害项目申报办法》；《煤矿作业场所职业病危害防治规定》。

第十七条　新建、扩建、改建建设项目和技术改造、技术引进项目（以下统称建设项目）可能产生职业病危害的，建设单位在可行性论证阶段应当进行职业病危害预评价。

医疗机构建设项目可能产生放射性职业病危害的，建设单位应当向卫生行政部门提交放射性职业病危害预评价报告。卫生行政部门应当自收到预评价报告之日起三十日内，作出审核决定并书面通知建设单位。未提交预评价报告或者预评价报告未经卫生行政部门审核同意的，不得开工建设。

职业病危害预评价报告应当对建设项目可能产生的

职业病危害因素及其对工作场所和劳动者健康的影响作出评价，确定危害类别和职业病防护措施。

建设项目职业病危害分类管理办法由国务院安全生产监督管理部门制定。

条文主旨

本条是关于建设项目职业病危害预评价制度的规定。

立法背景

建设项目职业病危害预评价，是在建设项目前期应用职业病评价的原理和方法对建设项目可能产生的职业病危害进行预测性评价，是根据建设项目可行性研究报告或者初步设计报告的内容，运用科学的评价方法，根据国家法律、法规及标准，分析、预测该建设项目存在的有害因素和危害程度，提出科学、合理和可行的职业病防治技术措施和管理对策，是该建设项目初步设计中的职业卫生设计和安全生产监督管理部门对建设项目进行职业病防治管理的主要根据。建设项目职业病危害预评价是一项政策性很强的工作，根据国内外多年的实践，该项工作和环境影响评价一样，在建设项目可行性论证方面，具有同样重要的地位。预评价涉及学科多，因素复杂，在时间上具有超前性等特点。为了保证预评价能准确地反映建设项目的客观实际和结论的正确性，本条在总结国内外实践经验的基础上确定了我国的建设项目职业病危害预评价制度，规定建设单位在可行性论证阶段应当向安全生产监督管理部门提交职业病危害预评价报告。2001 年《职业病防治法》中规定建设项目职业病危害预评价工作由卫生部门负责，中编办调整职业卫生监管部门职责分工后，这项工作的监管职能由卫生行政部门调整为安全生产监督管理部门，2011年修改《职业病防治法》时，根据中央有关文件的精神从法律上明确了安全生产监督管理部门在建设项目职业病危害预评价监管中的职责。同时，考虑到医疗机构放射性职业病危害控制的特殊性，根据本法第八十七条的规定，仍由卫生行政部门根据本法进行监督管理。2016年7月2日，为依法推进行政审批制度改革，推动政府职能转变，不断提高政府管理科学化、规范化水平，十二届全国人大常委会第二十一次会议通过的《全国人民代表大会常务委员会关于修改〈中华人民共和国节约能源法〉等六部法律的决定》，对本条的内容再次作出了修改，删除建设单位应当向安全生产监督管理部门提交职业病危害预评价报告以及安全生产监督管理部门审核程序和未经审核有关部门不得批准相关建设项目的规定。

条文解读

一、根据2016年修改后本条第一款的规定，新建、扩建、改建建设项目和技术改造、技术引进项目可能产生职业病危害的，建设单位在可行性论证阶段应当进行职业病危害预评价。也就是说，建设单位在可行性论证阶段仍然要进行职业病危害预评价，只是不用再向安全生产监督管理部门提交预评价报告书，减少了一个审批环节。在2016年修改过程中，有的常委委员提出，职业病预评价报告制度属于重要的事前预防措施，在法律中取消这一制度要慎重。经会同国务院有关部门研究认为，取消报告环节并不意味着放松了监管，建设单位在可行性论证阶段仍然要进行职业病危害预评价，本法第六十九条对未按照规定进行职业病危害预评价的行为保留了相应的法律责任。多数委员赞成这一修改。根据本法的规定，建设单位在可行性论证阶段开展职业病危害预评价的内容主要包括对建设项目选址及可能产生的职业病危害因素及其对作业场所、从业人员健康的影响进行分析和评价，对拟采取职业病危害防护设施进行技术分析及评价，对存在的职业卫生问题提出有效的职业病危害防护对策、评价结论等。

二、本条第二款是 2016 年修改新增加的内容。根据 2016 年修改前的《职业病防治法》的规定，一般情况下，职业病危害预评价报告由安全生产监督管理部门进行审核，但医疗机构放射性职业病危害控制由卫生行政部门依照本法监督管理，因此，对医疗机构建设项目可能产生放射性职业病危害的，在可行性论证阶段应当向卫生行政部门提交职业病危害预评价报告。此次行政审批改革和职业病防治法的修改只涉及一般建设项目的职业病危害预评价，对医疗机构放射性职业病危害的预评价，仍按目前的监督管理方式，需要向卫生行政部门提交放射性职业病危害预评价报告。卫生行政部门应当自收到预评价报告后在法定时间内作出审核，法定时间为三十日。卫生行政部门必须遵守这一时间规定。卫生行政部门作出审核决定后，应当书面通知建设单位。书面形式是法定形式，也是建设单位向有关部门证明预评价报告经过卫生行政部门审核的证明材料，因此卫生行政部门应当以书面形式通知。经审核的医疗机构放射性职业病危害预评价报告是有关部门批准建设项目的重要依据之一，建设单位没有提交预评价报告或者预评价报告未经卫生行政部门审核同意的，建设行政部门等有关部门不得批准该建设项目，建设单位也不得擅自开工建设。

三、本条第三款规定了职业病危害预评价应当包括的内容，即职业病危害预评价报告应当提出职业病危害因素，以及这些因素对工作场所和劳动者健康的影响的评价，并确定危害类别和职业病防护措施，如提出在可能出现急性职业中毒事故的情况下，应配备的急救设备和所采取的抢救措施，为建设项目投产后的职业病防护管理提供目标和方向。

2016 年修改职业病防治法，删除了原法第十九条的内容，即取消了职业病危害预评价和职业病危害控制效果评价应当由依法设立的取得国务院安全生产监督管理部门或者设区的市级以上地方人民政府安全生产监督管理部门按照职责分工给予资质认可的职业卫生技术服务机构进行的要求，如前所述，这并不是意味着不再要求对建设项目进行职业病危害预评价和控制效果评价，而是不再指定由具有资质的职业卫生技术服务机构进行评价。职业病危害预评价和控制效果评价，仍然要按照规范要求进行评价，并作出评价报告。在具体开展职业病危害预评价和控制效果评价时，可以由建设单位自行开展，也可以委托职业卫生技术服务机构进行。这样规定的目的是取消指定中介机构进行评价的限制，破除职业病危害评价的垄断状况，营造公平竞争的市场环境，切实提高职业病危害预评价和控制效果评价的水平。此外，需要说明的是，无论是一般建设项目的评价，还是需要由卫生行政部门审核同意的医疗机构建设项目的评价，建设单位在开展评价过程中，需要遵守安全生产监督管理部门、卫生行政部门等部门制定的技术标准和规范性文件，确保评价的标准不降低，充分发挥职业病危害预评价和控制效果评价的预防功能。

四、鉴于建设项目的职业病危害分类目录和分类管理办法内容很多而且非常具体，不可能在本法中一一作出规定，因此，本法授权由国务院安全生产监督管理部门在不违反法律规定的前提下制定具体分类目录和管理办法。这对强化职业病危害预评价管理是非常必要的。为贯彻落实2011年修改后的职业病防治法的规定，2012年国家安全生产监督管理总局颁布《建设项目职业卫生“三同时”监督管理办法》和《建设项目职业病危害风险分类管理目录（2012年版)》，对建设项目职业病危害分类管理作了具体规定。根据《建设项目职业卫生“三同时”监督管理办法》的规定，国家根据建设项目可能产生职业病危害的风险程度，将建设项目分为职业病危害一般的建设项目、职业病危害较重的建设项目以及职业病危害严重的建设项目，对其实行分类监督管理。《建设项目职业病危害风险分类管理目录(2012年版)》在综合考虑各类职业病危害因素及其可能产生的职业病和建设项目可能产生职业病危害的风险程度的基础上，按照《国民经济行业分类》，对采矿业，制造业，电力、热力、燃气及水生产和供应业，交通运输、仓储业等可能存在职业病危害的主要行业进行了分类，各具体行业的职业病危害风险分为严重、较重和一般三个等级。需要注意的是，根据国家安全生产监督管理总局在下发目录的通知中所提出的，在实际运用中，如果建设项目拟采用的原材料、主要生产工艺和产品等可能产生的职业病危害的风险程度，与其在目录中所列行业职业病危害的风险程度有明显区别的，建设单位和职业卫生技术服务机构可以通过职业病危害预评价作出综合判断，根据评价结果确定该建设项目职业病危害的风险类别。此外，各省级安全生产监督管理部门可以根据本地区建设项目职业卫生“三同时”工作的实际情况，可以对目录作出调整和补充。

相关规定

《建设项目职业卫生“三同时”监督管理暂行办法》；《建设项目职业病危害风险分类管理目录（2012年版)》。

第十八条　建设项目的职业病防护设施所需费用应当纳入建设项目工程预算，并与主体工程同时设计，同时施工，同时投入生产和使用。

建设项目的职业病防护设施设计应当符合国家职业卫生标准和卫生要求；其中，医疗机构放射性职业病危害严重的建设项目的防护设施设计，应当经卫生行政部门审查同意后，方可施工。

建设项目在竣工验收前，建设单位应当进行职业病危害控制效果评价。

医疗机构可能产生放射性职业病危害的建设项目竣工验收时，其放射性职业病防护设施经卫生行政部门验收合格后，方可投入使用；其他建设项目的职业病防护设施应当由建设单位负责依法组织验收，验收合格后，方可投入生产和使用。安全生产监督管理部门应当加强对建设单位组织的验收活动和验收结果的监督核查。

条文主旨

本条是关于建设项目职业病防护设施“三同时”制度、职业病防护设施设计制度和职业病危害控制效果评价制度的规定。

立法背景

职业病防护设施，是指在职业病防治工作中，为保护劳动者健康，治理职业病危害，预防职业病发生，而采取的一切措施的总称，包括治理职业病危害的设备、采取的预防职业病发生的工程措施等。建设项目职业病防护设施管理工作直接关系到职业病防治工作的成效，必须依法加强管理。2011 年修改后的《职业病防治法》将负责建设项目职业病防护设施设计审查和验收工作的部门由卫生行政部门调整为安全生产监督管理部门，从法律上明确了安全生产监督管理部门在建设项目职业病防护设施设计审查和验收工作中的职责。

2016 年 7 月 2 日十二届全国人大常委会第二十一次会议通过的《全国人民代表大会常务委员会关于修改〈中华人民共和国节约能源法〉等六部法律的决定》对职业病防治法部分条文再次作了修改，取消了安全生产监督管理部门对建设项目防护设施设计审查及竣工验收核准的两项行政审批。同时，2016 年修改的《职业病防治法》保留了卫生行政部门对医疗机构放射性职业病危害严重的建设项目的防护设施设计和医疗机构可能产生放射性职业病危害的建设项目竣工验收的审查职责。

条文解读

一、保证职业病防护设施建设必须保证资金投入，因此，本条第一款规定，建设项目的职业病防护设施所需费用应当纳入建设项目工程预算，并与主体工程同时设计，同时施工，同时投入生产和使用，这对于保证职业病防护设施的建设，有效预防、控制和消除职业病危害具有重要作用。国家安全生产监督管理总局对全国建设项目职业卫生“三同时”实施监督管理，并在国务院规定的职责范围内承担国务院及其有关主管部门审批、核准或者备案的建设项目职业卫生“三同时”的监督管理。县级以上地方各级人民政府安全生产监督管理部门对本行政区域内的建设项目职业卫生“三同时”实施监督管理，具体办法由省级安全生产监督管理部门制定，并报国家安全生产监督管理总局备案。上一级人民政府安全生产监督管理部门根据工作需要，可以将其负责的建设项目职业卫生“三同时”监督管理工作委托下一级人民政府安全生产监督管理部门实施。

二、本条第二款规定了建设项目的职业病防护设施设计的要求。2011 年修改后的《职业病防治法》将防护设施设计的审查责任统一交由安全生产监督管理部门负责。为了落实第十二届全国人民代表大会第一次会议通过的关于国务院机构改革和职能转变方案的决定，依法推进行政审批制度改革和政府职能转变，进一步优化投资审批流程，提高审批效率，不断提高政府管理科学化、规范化水平，2016 年修改的《职业病防治法》取消了本款关于安全生产监督管理部门对一般建设项目的职业病防护设施设计的审查职责。一般的建设项目的职业病防护设施设计符合国家职业卫生标准和卫生要求即可施工，但医疗机构放射性职业病危害严重的建设项目的防护设施设计仍需经过卫生行政部门审查同意。审查同意的，应当在受理之日起二十个工作日内予以批复；不同意的，应当书面通知建设单位并说明理由。职业病危害严重的建设项目，其职业病防护设施设计未经审查或审查不合格的，不得施工。

三、所谓职业病危害控制效果评价，是指在建设项目竣工验收前，对建设项目存在的粉尘、放射性物质和其他有毒、有害物质等因素的浓度、强度进行测定，对除尘、排毒、通风、照明等各种职业卫生防护设施、辅助设施、应急救援设施和职业卫生管理进行评价的行为。职业病危害控制效果评价报告的主要内容包括建设项目及其试运行概况，职业病危害控制效果评价的根据、范围和内容，建设项目生产过程中存在的职业病危害因素确定及职业病危害程度评价，职业病危害防护措施的实施情况及效果评价，评价结论及建议等。根据卫生行政部门的规定，建设项目的主体工程完工后，需要进行试生产的，其配套建设的职业病防护设施必须与主体工程同时投入试运行，在试运行期间应当对职业病防护设施运行情况和工作场所职业病危害因素进行监测，并在试运行十二个月内进行职业病危害控制效果评价。

四、本条第四款是2016年修改的《职业病防治法》新增条款。第一，规定了医疗机构可能产生放射性职业病危害的建设项目竣工验收时，其放射性职业病防护设施必须经卫生行政部门验收合格后，方可投入使用。第二，规定了其他建设项目的职业病防护设施应当由建设单位负责依法组织验收，验收合格后，方可投入生产和使用。安全生产监督管理部门应当加强对建设单位组织的验收活动和验收结果的监督核查。2011年修改后的《职业病防治法》规定建设项目竣工验收时，应当经安全生产监督管理部门验收合格后方可投入正式生产和使用。2016年修改的《职业病防治法》取消了安全生产监督管理部门对一般建设项目竣工验收的审查职责，改为由建设单位自行负责组织验收，安全生产监督管理部门仅对建设单位组织的验收活动和验收结果进行监督核查。

相关规定

《建设项目职业卫生"三同时"监督管理暂行办法》；《煤矿作业场所职业病危害防治规定》。

第十九条　国家对从事放射性、高毒、高危粉尘等作业实行特殊管理。具体管理办法由国务院制定。

条文主旨

本条是关于国家对从事特殊职业危害作业管理的规定。

立法背景

放射性、高毒、高危粉尘作业对劳动者的健康影响巨大，必须采取特殊的防护管理措施。2001 年《职业病防治法》公布实施以来，国务院先后公布了《放射性同位素与射线装置安全和防护条例》、《使用有毒物品作业场所劳动保护条例》等行政法规，对放射性作业和有毒作业实行特殊管理。考虑到我国目前高危粉尘作业对劳动者的身体健康影响尤为巨大，因此，2011 年修改后的《职业病防治法》增加规定对高危粉尘作业实行特殊管理，并授权国务院制定具体管理办法。

条文解读

一、特殊职业危害作业，是指从事存在放射性、高毒（包括致畸、致癌、致突变）等严重职业危害因素的作业。目前，一般将特殊职业危害作业分为几类：第一类是从事放射性危害作业；第二类是从事存在高毒的作业；第三类是从事存在人类致癌物的作业；第四类是从事存在人类生殖毒物的作业；第五类是从事高危粉尘作业。这些特殊职业危害作业都有相应的界定标准：（1）从事接触放射性的作业按照国务院颁布的《放射性同位素与射线装置安全和防护条例》等有关行政法规的规定界定。（2）从事存在高毒的作业，是指作业中存在易发致死性中毒的化学品。导致职业病的“毒物”，专指在生产过程中产生的或使用的各种化学物质，又称生产性毒物。通常按化学毒物的剂量大小所引起的急性毒性作用的程度不同，把毒物分为低毒、中等毒、高毒和剧毒四级。高毒强调的是经口，或经呼吸道吸入，或经皮肤进入人体的化学毒物的剂量较少，但能引起严重的中毒。是否属于高毒作业按照国务院使用有毒物品作业场所劳动保护条例和有关国家职业卫生标准确定。（3）从事存在人类致癌物的作业，是指作业中存在明确的人类致癌物的化学品。具体界定标准为国家卫生标准，或国际癌症研究中心公布的《对人致癌总评价表》中的对人致癌物。（4）从事存在人类生殖毒物的作业，是指作业中存在明确的人类生殖毒物的化学品。具体界定标准为国家卫生标准，如列入有关孕妇职业接触毒物的限制规定，孕妇应限制接触的毒物名单中的化学品。（5）从事高危粉尘作业，一般是指可能产生含游离二氧化硅10%以上粉尘的职业病危害项目作业。

二、特殊职业危害作业涉及的放射性、高毒、致畸、致突变等职业病危害因素，对人的生命安全和健康均有极大的危害。放射危害的严重性已经众所周知，放射危害不仅会致人死亡，诱发肿瘤，还会影响作业人员下一代的健康。高毒化学品极易致人死亡，一旦发生事故，往往是重大死亡事故。致癌化学品会使接触者的肿瘤发病率显著提高。致畸、致突变化学品不但会危害接触者的健康，诱发肿瘤，而且还可能引发适龄人群不育，或者严重影响人口素质，造成畸形或者智力障碍。因高危粉尘作业而引起的尘肺病被称为“慢性癌症”，具有不可逆转性。由于放射性、高毒等作业对劳动者的生命健康具有极大的危害性，需要采取一系列不同于一般职业病防治的特殊管理办法，本法不可能一一作出具体规定。因此，本法授权由国务院对从事放射性、高毒等作业制定具体管理办法是非常必要的。

相关规定

《中华人民共和国放射性污染防治法》；《放射性药品管理办法》；《放射性同位素与射线装置安全和防护条例》；《放射性物品运输安全管理条例》；《放射性废物安全管理条例》；《使用有毒物品作业场所劳动保护条例》。

第三章　劳动过程中的防护与管理

第二十条　用人单位应当采取下列职业病防治管理措施：

（一）设置或者指定职业卫生管理机构或者组织，配备专职或者兼职的职业卫生管理人员，负责本单位的职业病防治工作；

（二）制定职业病防治计划和实施方案；

（三）建立、健全职业卫生管理制度和操作规程；

（四）建立、健全职业卫生档案和劳动者健康监护档案；

（五）建立、健全工作场所职业病危害因素监测及评价制度；

（六）建立、健全职业病危害事故应急救援预案。

条文主旨

本条是对用人单位应当采取的职业病防治管理措施的规定。

立法背景

用人单位只有采取法律规定的职业病防治管理措施，才能更好地保护劳动者的身体健康。一些用人单位正是由于没有相应的职业病防治管理措施，职业病危害的情况比较严重。因此，依法采取防治职业病的管理措施，也是保护劳动者身体健康的前提条件。2011 年修改的《职业病防治法》主要是将第一项中的“配备专职或者兼职的职业卫生专业人员”修改为“配备专职或者兼职的职业卫生管理人员”，进一步强调发挥职业卫生管理人员在职业病防治工作中的职能。

条文解读

按照本条的规定，用人单位应当采取以下职业病防治管理措施：

一、用人单位必须设置或者指定职业卫生管理机构或者组织，配备专职或者兼职的职业卫生管理人员，负责本单位的职业病防治工作。就是说，用人单位必须要设置一个内设机构或者组织，或者是指定一个职业卫生管理机构或者组织，具体负责职业病防治工作。在这些机构或者组织中要有专职或者兼职的职业卫生管理人员专门从事职业病的防治工作。这也是用人单位在职业病防治方面的组织建设。这样规定的目的，是为了使用人单位的职业病防治措施能够得到落实，并实行职业病防治责任制。这是职业病防治中首先要采取的措施。

二、制定职业病防治计划和实施方案。仅仅有职业病防治措施是不够的，用人单位采取职业病防治措施的第二步就是必须制定出具体的职业病防治计划，以及落实职业病防治计划的具体方案。这也是检验用人单位职业病防治工作的根据之一。

三、建立、健全职业卫生管理制度和操作规程。用人单位采取职业病防治措施的第三步，就是要将职业卫生管理作为一项制度加以建立并予以完善，比如，职业病危害项目的申报制度、工作场所职业病危害因素监测制度、职业卫生培训以及职业健康检查等等。用人单位还应当建立一套具体的操作规程。

四、建立、健全职业卫生档案和劳动者健康监护档案。这是加强职业病管理的需要。职业卫生档案，主要包括用人单位基本情况，职业病防护设施的设置、运转和效果，职业病危害因素的监测结果与分析，职业健康检查的组织和检查结果及评价。劳动者健康监护档案，主要包括职业史、职业病危害接触史，职业健康检查结果，职业病的诊断、处理、治疗和疗养，职业病危害事故的抢救情况等有关个人健康资料。

五、建立、健全工作场所职业病危害因素监测及评价制度。进行经常性的职业病危害因素监测、评价，是保证工作场所职业病危害因素的浓度或者强度符合国家职业卫生标准的一项重要措施。这里讲的职业病危害因素监测，既包括用人单位实施的由专人负责的职业病危害因素日常监测，又包括按照国务院安全生产监督管理部门的规定，由经过资质认可的职业卫生技术服务机构定期进行检测、评价，并出具具有法律效力的检验结果报告的活动。

六、建立、健全职业病危害事故应急救援预案。职业病危害事故，是指存在于工作场所的职业病危害因素由于某种意外原因，如违反操作规程、设备失修等原因，对劳动者造成的突发的职业损伤。用人单位应当制定一旦发生职业病危害事故如何救援的方案与措施，只有这样，才能应对各种职业病危害事故的发生，使得在职业病危害事故发生时，能够及时地采取有效的救援措施，使受到危害的劳动者得到及时的救治，避免损失的进一步扩大，尽量减少伤亡。

根据国家安全生产监督管理总局关于《用人单位职业病危害防治八条规定》，用人单位必须建立健全职业病危害防治责任制，严禁责任不落实违法违规生产；必须保证工作场所符合职业卫生要求，严禁在职业病危害超标环境中作业；必须在工作场所与作业岗位设置警示标识和告知卡，严禁隐瞒职业病危害；必须定期进行职业病危害检测，严禁弄虚作假或少检漏检；必须对劳动者进行职业卫生培训，严禁不培训或培训不合格上岗；必须组织劳动者职业健康检查并建立监护档案，严禁不体检不建档。

相关规定

《用人单位职业病危害防治八条规定》；《职业病危害项目申报办法》。

第二十一条　用人单位应当保障职业病防治所需的资金投入，不得挤占、挪用，并对因资金投入不足导致的后果承担责任。

条文主旨

本条是关于用人单位应当保障职业病防治资金投入的规定。

立法背景

资金投入是职业病防治工作的重要保障，无论是采用有利于保护劳动者健康的新技术、新工艺、新设备、新材料，还是为劳动者提供个人使用的职业病防护用品，都需要相应的资金投入。为此，2011 年修改后的《职业病防治法》参考安全生产法的有关规定，增加了这一条规定。

条文解读

一、用人单位应当保障职业病防治所需的资金投入，不得挤占、挪用

用人单位应当严格依照本法的有关规定采取并落实职业病防治管理措施，其中包括：设置或者指定职业卫生管理机构或者组织，配备专职或者兼职的职业卫生管理人员，负责本单位的职业病防治工作；制定职业病防治计划和实施方案；建立、健全职业卫生管理制度和操作规程；建立、健全职业卫生档案和劳动者健康监护档案；建立、健全工作场所职业病危害因素监测及评价制度；建立、健全职业病危害事故应急救援预案等。落实上述管理措施所需的经费均属于职业病防治所需的经费，应依法予以保障。用人单位不得将本应用于职业病防治的资金用作其他用途，例如将购买职业病防护用品所需的资金用于兴建办公场所或者发放企业员工福利。

二、用人单位对职业病防治资金投入不足导致的后果承担责任

职业病防治资金投入不足极易导致职业病危害事故的发生，一旦发生职业病危害事故，用人单位应当根据本法法律责任一章的规定承担相应的法律责任，其中既包括行政责任，也包括刑事责任；给劳动者或者他人造成损害的，还应当承担相应的民事责任。

相关规定

《中华人民共和国安全生产法》第 20 条；《中华人民共和国职业病防治法》第 41 条。

第二十二条　用人单位必须采用有效的职业病防护设施，并为劳动者提供个人使用的职业病防护用品。

用人单位为劳动者个人提供的职业病防护用品必须符合防治职业病的要求；不符合要求的，不得使用。

条文主旨

本条是对用人单位应当采用有效的职业病防护设施并为劳动者提供符合防治职业病要求的防护用品的规定。

立法背景

用人单位应当依法保障劳动者享有职业卫生保护的权利，其中采用有效的职业病防护设施并为劳动者提供个人使用的职业病防护用品是一项重要内容。职业病防护设施和劳动者个人使用的职业病防护用品是否符合要求，直接关系到职业病防治工作的质量，进而关系到劳动者的职业健康能否得到切实保障。因此，本法对用人单位采用的职业病防护设施和为劳动者提供的个人使用的职业病防护用品的要求作了规定。

条文解读

一、用人单位必须采用有效的职业病防护设施。这里讲的职业病防护设施，是指用于职业病防护的设施、工程技术、个体防护用品，以及组织管理和卫生保健措施等。职业病防护设施的使用，是保护劳动者身体健康所必不可少的。用人单位必须采用有效的职业病防护设施，即所采用的职业病防护设施必须能够真正起到防治职业病的作用。这是本法对用人单位规定的一项法定义务，用人单位必须履行。

二、用人单位应当为劳动者提供个人使用的职业病防护用品，以保证劳动者的身体健康。关于劳动者个人防护用品的管理制度，早在新中国成立初期已经建立。这是保护劳动者在劳动过程中的健康所必需的一种预防性装备。劳动者个人使用的防护用品，是指劳动者在劳动过程中使用的可以防止职业病危害因素，有效地保护劳动者身体健康的个人用品，如隔热工作衣物、防毒口罩等。按照有关规定，对于有吸入毒气危险的工种的劳动者应当发给防毒面具；对于从事粉尘作业的工种的劳动者应当发给防尘口罩等。

三、用人单位为劳动者个人提供的职业病防护用品必须符合防治职业病的要求，即提供的职业病防护用品首先必须符合有关的标准，其次必须能够真正起到防治职业病的作用。对于不符合要求的，即不能防治职业病的，不得提供给劳动者使用。实践当中，用人单位不给劳动者配备职业病防护用品或者配备的防护用品难以起到防护作用的情况较多，如对接触粉尘作业的劳动者，只配发普通的纱布口罩，不起防护作用，由此造成对劳动者的危害。本条正是针对这种情况作出了规定。

根据国家安全生产监督管理总局关于《用人单位职业病危害防治八条规定》，用人单位必须设置职业病防护设施并保证有效运行，严禁不设置不使用；必须为劳动者配备符合要求的防护用品，严禁配发假冒伪劣防护用品。

相关规定

《用人单位职业病危害防治八条规定》。

第二十三条　用人单位应当优先采用有利于防治职业病和保护劳动者健康的新技术、新工艺、新设备、新材料，逐步替代职业病危害严重的技术、工艺、设备、

材料。

条文主旨

本条是对职业病危害严重的技术、工艺、设备、材料等实行替代原则的规定。

立法背景

实行职业病危害严重的技术、工艺、设备、材料等的替代原则，是预防、控制和消除职业病危害的一项有力的措施。实践证明，这一制度是行之有效的。替代制度的含义为，如果有一种危险物质可以被另一种安全物质所替代时，则该种危险物质就不允许以任何理由在工作场所中使用。如果有一种危险物质需要在工作场所中使用，同时又存在另一种作用相当的危害较小的物质时，则应当用后者代替前者。本法借鉴了国外的成功经验，根据我国的实际情况，对这一制度作出了相应的规定，对于预防职业病危害，保护劳动者健康十分有益。

条文解读

由于新的技术、新的设备、新的生产工艺和新材料，其职业病危害相对于现有的技术、设备、生产工艺和材料来说可能会比较小，因此，本条规定用人单位应当优先采用新技术、新工艺、新设备、新材料；但是，新技术、新工艺、新设备和新材料必须限于有利于防治职业病并且能够保护劳动者的健康。使用新的技术、工艺、设备和材料以逐步替代职业病危害严重的技术、工艺、设备和材料，是指现有的技术、工艺、设备和材料有些还能加以使用，有些可能还没有研制出新的更好的技术、工艺、设备和材料，因此，对于这些正在使用的技术、工艺、设备和材料不可能一律规定不能使用，只能随着科学技术的进步和经济的发展，逐步加以取代，最终加以淘汰。

第二十四条　产生职业病危害的用人单位，应当在醒目位置设置公告栏，公布有关职业病防治的规章制度、操作规程、职业病危害事故应急救援措施和工作场所职业病危害因素检测结果。

对产生严重职业病危害的作业岗位，应当在其醒目位置，设置警示标识和中文警示说明。警示说明应当载明产生职业病危害的种类、后果、预防以及应急救治措施等内容。

条文主旨

本条是对产生职业病危害的用人单位应当在醒目位置公布有关职业病防治内容或者作出必要的警示说明的规定。

立法背景

作业场所职业病预防管理工作是职业病防治工作的一个重要环节和一项重要内容。其中，用人单位通过各种方式提醒劳动者重视职业病防治工作、提高职业病防治意识尤为重要。因此，本条规定对用人单位的提示义务作了明确规定。

条文解读

一、按照本条第一款的规定，产生职业病危害的用人单位，应当在醒目位置设置公告栏，公布防治职业病的有关内容。这是用人单位以公告栏告知职业病危害的义务。醒目位置，就是大家都能看得到的地方，并且要一目了然。比如，可以设置在用人单位的进门处等。公布的目的，是为了让每一个劳动者对所公布的内容有所了解，以自觉地执行有关的制度和规程，加强自我保护。按照本条的规定，公告栏公布的内容包括以下几方面：（1）有关职业病防治的规章制度。这里讲的规章制度，包括生产技术规程、管理工作制度和各种形式的责任制度。（2）操作规程。（3）职业病危害事故应急救援措施。这里讲的职业病危害事故应急救援措施，是指在职业病防治工作中，发生职业病危害事故或者产生急性职业健康损伤时所采取的救治和援助措施，包括立即控制、制止造成职业病危害事故原因的一些紧急措施。（4）工作场所职业病危害因素检测的结果。职业病危害因素检测结果，是指依照本法第二十六条的规定，用人单位按照国务院安全生产监督管理部门的规定，定期对工作场所进行的职业病危害因素检测、评价的结果。按照该条的规定，检测、评价结果应存入用人单位职业卫生档案，定期向所在地安全生产监督管理部门报告并向劳动者公布。

二、按照本条第二款的规定，用人单位对于产生严重职业病危害的作业岗位，应当在其醒目位置设置警示标识和中文警示说明。这是用人单位在工作场所进行职业病危害告知的义务，是保护劳动者健康的一项重要的措施。因为，许多劳动者对自己所从事劳动的职业病危害的程度，以及如何预防不一定都很清楚，所以有必要在醒目位置加以提醒。这里所讲的“警示标识”，是指用以表示特定的含义，告诫、提示劳动者应当对于某些职业病危害因素引起高度注意和警惕的图形。“中文警示说明”，是指用来告诫、提示劳动者应当对职业病危害因素引起高度重视和警惕的中文文字说明。按照本条规定，警示标识和中文警示说明必须在作业岗位的醒目位置加以设置，让每一个从事这一岗位劳动的劳动者都能够清楚地看到，这样，才能真正起到警示作用。按照本条的规定，警示说明应当包括以下内容：（1）产生职业病危害的种类。职业病危害，是指对从事职业活动的劳动者可能导致职业病的各种危害。这里讲的职业病危害的种类，包括粉尘危害、毒物危害、放射性危害、职业肿瘤以及新技术、新材料带来的职业病危害。（2）产生职业病危害的后果，即容易导致哪一种职业病。（3）预防措施。即应当采取何种预防职业病的措施。（4）应急救治措施，是指在职业病防治工作中，发生职业病危害事故或产生急性职业健康损伤时，对遭受职业健康损伤的人的抢救、急救和帮助措施，也包括立即控制、制止造成职业病危害事故原因的一些紧急措施。

根据国家安全生产监督管理总局关于《用人单位职业病危害防治八条规定》，用人单位必须在工作场所与作业岗位设置警示标识和告知卡，严禁隐瞒职业病危害。

相关规定

《用人单位职业病危害防治八条规定》。

第二十五条　对可能发生急性职业损伤的有毒、有害工作场所，用人单位应当设置报警装置，配置现场急救用品、冲洗设备、应急撤离通道和必要的泄险区。

对放射工作场所和放射性同位素的运输、贮存，用人单位必须配置防护设备和报警装置，保证接触放射线的工作人员佩戴个人剂量计。

对职业病防护设备、应急救援设施和个人使用的职业病防护用品，用人单位应当进行经常性的维护、检修，

定期检测其性能和效果，确保其处于正常状态，不得擅自拆除或者停止使用。

条文主旨

本条是对可能发生急性职业损伤和放射工作场所应当设置必要的设施及对职业病防护设施使用要求的规定。

立法背景

可能发生急性职业损伤的有毒、有害工作场所以及放射工作场所和放射性同位素的运输、贮存是职业病防治工作监督管理的重点领域，也是用人单位应当加强职业病危害预防的重点领域。对职业病防护设备、应急救援设施和个人使用的职业病防护用品进行经常性的维护、检修，定期检测其性能和效果也是职业病预防的一个重要方面。因此，本条对上述问题作了相应规定。

条文解读

一、按照本条第一款的规定，对可能发生急性职业损伤的有毒、有害工作场所，用人单位应当设置报警装置，配置现场急救用品、冲洗设备、应急撤离通道和必要的泄险区。这里讲的急性职业损伤，是指在劳动过程中，由于某种职业病危害因素的作用，使人体在几小时或几天内就发生明显的损伤，如急性化学中毒等。对于可能发生急性职业损伤的工作场所，用人单位应当设置报警装置，即当有毒、有害因素浓度或者强度达到或者超过警戒要求时，要及时报警，并采取紧急防护措施。此外，现场还应当配备医疗急救用品，冲洗有毒、有害物质的设备，紧急情况下的撤离通道以及必要的泄险区。

二、按照本条第二款的规定，对于放射工作场所和放射性同位素的运输、贮存，用人单位必须配置防护设备和报警装置，这是对放射工作场所的要求。按照《放射性同位素与射线装置安全和防护条例》的有关规定，生产、销售、使用、贮存放射性同位素和射线装置的场所，应当按照国家有关规定设置明显的放射性标志，其入口处应当按照国家有关安全和防护标准的要求，设置安全和防护设施以及必要的防护安全联锁、报警装置或者工作信号。射线装置的生产调试和使用场所，应当具有防止误操作、防止工作人员和公众受到意外照射的安全措施。放射性同位素的包装容器、含放射性同位素的设备和射线装置，应当设置明显的放射性标识和中文警示说明；放射源上能够设置放射性标识的，应当一并设置。运输放射性同位素和含放射源的射线装置的工具，应当按照国家有关规定设置明显的放射性标识或者显示危险信号。放射性同位素应当单独存放，不得与易燃、易爆、腐蚀性物品等一起存放，并指定专人负责保管。贮存、领取、使用、归还放射性同位素时，应当进行登记、检查，做到账物相符。对放射性同位素贮存场所应当采取防火、防水、防盗、防丢失、防破坏、防射线泄漏的安全措施。对放射源还应当根据其潜在危害的大小，建立相应的多层防护和安全措施，并对可移动的放射源定期进行盘存，确保其处于指定位置，具有可靠的安全保障。在室外、野外使用放射性同位素和射线装置的，应当按照国家安全和防护标准的要求划出安全防护区域，设置明显的放射性标志，必要时设专人警戒。在野外进行放射性同位素示踪试验的，应当经省级以上人民政府环境保护主管部门商同级有关部门批准方可进行。

三、按照本条第三款的规定，用人单位对于职业病防护设备、应急救援设施和个人使用的职业病防护用品，应当经常进行维护、检修，定期检测其性能和效果，确保其处于正常状态，不得擅自拆除或者停止使用。职业病防护设备，是职业病防护设施的重要组成部分，专指为保护劳动者健康，治理职业病危害而安装使用的机械设备和器械。应急救援设施，是发生职业病危害事故时，需要采用的制止职业病危害事故发生的设施。个人使用的职业病防护用品，是指劳动者在劳动过程中使用的可以防止职业病危害因素，有效地保护劳动者身体健康的个人用品。用人单位应当定期对上述设施和设备的性能和效果进行检测，保证这些设施和设备处于正常的运行状态，以减少有毒物质的跑、冒、滴、漏，否则就不能起到职业病防护的作用。用人单位对上述设施和设备不得擅自拆除或者停止使用。如果用人单位擅自拆除或者停止使用上述设施和设备，就要依法承担相应的法律责任。

相关规定

《放射性同位素与射线装置安全和防护条例》第 34 条~第 36 条。

第二十六条　**用人单位应当实施由专人负责的职业病危害因素日常监测，并确保监测系统处于正常运行状态。**

用人单位应当按照国务院安全生产监督管理部门的规定，定期对工作场所进行职业病危害因素检测、评价。检测、评价结果存入用人单位职业卫生档案，定期向所在地安全生产监督管理部门报告并向劳动者公布。

职业病危害因素检测、评价由依法设立的取得国务院安全生产监督管理部门或者设区的市级以上地方人民政府安全生产监督管理部门按照职责分工给予资质认可的职业卫生技术服务机构进行。职业卫生技术服务机构所作检测、评价应当客观、真实。

发现工作场所职业病危害因素不符合国家职业卫生标准和卫生要求时，用人单位应当立即采取相应治理措施，仍然达不到国家职业卫生标准和卫生要求的，必须停止存在职业病危害因素的作业；职业病危害因素经治理后，符合国家职业卫生标准和卫生要求的，方可重新作业。

条文主旨

本条是对用人单位职业病危害因素监测、检测、评价及职业病危害因素治理的规定。

立法背景

职业病危害因素日常监测和检测、评价工作是用人单位应当履行的一项重要义务，它是保障本单位的职业病危害水平符合国家职业卫生标准和卫生要求的重要手段。2001 年《职业病防治法》中规定职业病危害因素监测、检测、评价工作由卫生行政部门负责，中央机构编制委员会办公室调整职业卫生监管部门职责分工后，这项工作的监管机构已由卫生行政部门调整为安全生产监督管理部门，2011 年修改后的《职业病防治法》从法律上明确了安全生产监督管理部门在职业病危害因素监测、检测、评价中的职责。此外，2001 年《职业病防治法》第二十四条规定，职业病危害因素检测、评价由依法设立的取得省级卫生行政部门给予资质认可的职业卫生技术服务机构进行。职业病防治法修改后，职业卫生技术服务机构的认可机关也由省级下放为设区的市一级安全生产监督管理部门，即职业病危害因素检测、评价由依法设立的取得国务院安全生产监督管理部门或者设区的市级以上地方人民政府安全生产监督管理部门按照职责分工给予资质认可的职业卫生技术服务机构进行。

条文解读

一、按照本条第一款的规定，用人单位应当建立职业病危害因素监测制度。其制度的内容为实施由专人负责的职业病危害因素日常监测，并建立一套完整的职业病危害因素监测系统。建立这一制度的意义在于，经常和定期监测作业场所职业病危害因素，可以及时了解有害因素产生、扩散、变化的规律，鉴定防护设施的效果，并为采取防护措施提供根据。这里讲的职业病危害因素，按照本法规定包括职业活动中存在的各种有害的化学、物理、生物因素以及在作业过程中产生的其他职业有害因素。对职业病危害因素的监测，主要是监测职业病危害因素的浓度或者强度是否符合国家职业卫生标准。按照本条规定，职业病危害因素监测必须由专门的人员负责，并且要每天进行监测。职业病危害因素监测系统应当保持正常运行的状态，只有这样，才能保证监测数据的准确。

二、按照本条第二款的规定，用人单位应当定期对工作场所的职业病危害因素进行检测、评价。至于检测、评价的时间，检测、评价的内容以及如何进行检测、评价，则应当按照国务院安全生产监督管理部门的规定进行。按照本条规定，检测、评价的结果应当存入用人单位的职业卫生档案，以备监督检查。

用人单位还应当将检测、评价的结果定期向用人单位所在地的安全生产监督管理部门报告，以便安全生产监督管理部门能够及时掌握用人单位职业病危害因素的情况，必要时可以对该单位加强监督检查，增加监督检查的次数。职业病危害因素的检测、评价结果也应当向劳动者公布，使劳动者对该单位的职业病危害因素的情况有所了解，从而加强自我保护。用人单位可以在本单位的公告栏上予以公布。

三、按照本条第三款的规定，职业病危害因素检测、评价由依法设立的取得国务院安全生产监督管理部门或者设区的市级以上地方人民政府安全生产监督管理部门按照职责分工给予资质认可的职业卫生技术服务机构进行。职业病危害因素的检测，是由经过资质认可的职业卫生技术服务机构对工作场所特定职业病危害因素进行检测，并出具具有法律效力的检验结果报告的活动。这里讲的职业卫生技术服务机构，是指为预防和控制职业病危害而向企业提供技术性服务的机构，即提供职业病危害因素检测、评价服务的机构。按照本条的规定，职业卫生技术服务机构应当依法设立，并取得国务院安全生产监督管理部门或者设区的市级以上地方人民政府安全生产监督管理部门按照职责分工给予的资质认可。对职业卫生技术服务机构进行资质认可，是一项重要的行政管理措施，是安全生产监督管理部门的一种必要的具体行政行为。其具体内容为对职业卫生技术服务机构的技术水平与实际能力进行认可考核；对于符合认可考核标准的，依法赋予其从事许可范围内职业卫生技术服务的资格。未取得资质认可的机构不得开展职业卫生技术服务。对职业卫生技术服务机构实行资质认可，一方面可以保证向委托方提供的结果和数据资料的真实性，另一方面可以保证这些机构具备开展相应工作的能力与条件。职业卫生技术服务机构在进行职业病危害因素的检测、评价时，应当客观、真实地反映检测、评价的结果，保证检测、评价结果的公正性。这里讲的“客观”，是指职业卫生技术服务机构在对职业病危害因素进行检测、评价时，必须做到实事求是，不得带有主观偏见。这里讲的“真实”，就是要求检测、评价的结果与客观事实要相符。

四、按照本条第四款的规定，用人单位发现工作场所的职业病危害因素不符合国家职业卫生标准和卫生要求时，应当立即采取措施进行治理。即如果发现工作场所的职业病危害因素的浓度或者强度不符合国家职业卫生标准和卫生要求时，必须要采取相应的措施进行治理，如果经治理仍然达不到国家职业卫生标准和卫生要求的，则必须停止存在职业病危害因素的作业，待符合国家职业卫生标准和卫生要求后，方可重新开始作业。

第二十七条　职业卫生技术服务机构依法从事职业病危害因素检测、评价工作，接受安全生产监督管理部门的监督检查。安全生产监督管理部门应当依法履行监督职责。

条文主旨

本条是关于安全生产监督管理部门对职业卫生技术服务机构进行监督检查的规定。

立法背景

职业卫生技术服务机构是指为实施职业病防治工作提供技术服务的机构，是职业病防治工作中重要的技术支撑载体。其服务包括建设项目职业病危害评价、职业病危害因素的检测与评价、化学品毒性鉴定、放射卫生防护检测与评价、职业病防护设施与个人职业病防护用品效果评价、放射防护器材和含放射性产品检测等项目。本法第二十六条中规定的职业病危害因素检测、评价需由依法设立的取得国务院安全生产监督管理部门或者设区的市级以上地方人民政府安全生产监督管理部门按照职责分工给予资质认可的职业卫生技术服务机构进行。2011年修改后的《职业病防治法》增加这一条规定，主要考虑到：一是目前我国职业卫生技术服务市场存在一些混乱现象，需要加强监管；二是职业卫生技术服务机构原先多数依托卫生行政部门设立，职业卫生监管部门职责分工调整后，为进一步发挥职业卫生技术服务机构在职业病防治工作中的重要职能，使得职业卫生技术服务机构更好地为用人单位以及职业卫生监管管理部门开展工作提供技术支持，职业卫生技术服务机构应当依法从事职业病危害因素检测、评价工作，接受安全生产监督管理部门的监督检查。安全生产监督管理部门应当依法履行监督职责。

条文解读

一、职业卫生技术服务机构应当依法从事职业病危害因素检测、评价工作

根据本法第二十六条的规定，职业卫生技术服务机构所作检测、评价应当客观真实。职业卫生技术服务机构应当严格按照这一法定要求开展职业卫生技术服务工作。

二、安全生产监督管理部门应当加强对职业卫生技术服务机构的监督管理

对职业卫生技术服务机构的监督管理主要包括以下几方面

的内容：一是职业卫生技术服务机构应当依法取得安全生产监督管理部门的资质认可；二是取得资质的职业卫生技术服务机构，应当在认可的项目内开展技术服务工作，并符合国家有关法律、法规、技术规范和标准的要求。职业卫生技术服务机构应当建立和健全管理制度，确保其技术服务的客观、真实。职业卫生技术服务机构应当公开办事制度和程序，简化手续，方便服务对象，并采取措施提高服务质量和水平。

相关规定

《职业卫生技术服务机构监督管理暂行办法》。

第二十八条　向用人单位提供可能产生职业病危害的设备的，应当提供中文说明书，并在设备的醒目位置设置警示标识和中文警示说明。警示说明应当载明设备性能、可能产生的职业病危害、安全操作和维护注意事项、职业病防护以及应急救治措施等内容。

条文主旨

本条是对向用人单位提供可能产生职业病危害的设备应符合法定要求的规定。

立法背景

可能产生职业病危害的设备是职业病危害的主要来源之一，必须严格管理。因此，本条对向用人单位提供可能产生职业病危害的设备应当履行的义务作了规定。

条文解读

本条是针对提供可能产生职业病危害设备的危害告知义务所作的规定。这里讲的提供可能产生职业病危害的设备，主要是指生产、经营、进口可能产生职业病危害的设备。按照本条规定，向用人单位提供可能产生职业病危害设备的，应当符合以下几方面的要求：(1) 应当提供中文说明书。目的是让中国的使用者能够了解设备可能产生的职业病危害，并采取有效的预防措施。(2) 设置警示标识和中文警示说明。警示标识，是指用以表示特定含义，告诫、提示劳动者应当对于某些职业病危害因素引起高度注意和警惕的图形。对于有些需要作出警示的设备，应当设置专用的警示标识。中文警示说明，是指用来告诫、提示使用者应当对职业病危害因素引起高度重视和警惕的中文文字说明。(3) 警示杅识和警示说明必须在醒目的位置上设置，目的是让人一目了然，不能设置在让使用者很难找到的地方。警示说明的内容应当包括：(1) 该设备的性能。即该设备的性质和功能及对设计要求的满足程度。(2) 可能产生的职业病危害。即可能产生哪一种或几种职业病危害，以便使用者能够采取相应的防护措施。这项内容是警示说明中非常重要的一项内容。(3) 安全操作和维护注意事项。即安全操作该设备以及正确使用、维护该设备，使该设备能够处于良好的运行状态所应当注意的问题。(4) 职业病防护以及应急救治措施。即在职业病防治工作中，为保护劳动者健康，治理职业病危害，预防职业病的发生，而采取的一切有效措施和方法的总称。在这里必须要注明需要采取何种措施，比如是需要采取安装除尘器，还是需要安装通风设备，还是需要使用职业病防护用品，等等。还要注明发生职业病危害事故时，应当采取什么样的应急救治措施。这里讲的应急救治措施，是指发生职业病危害事故或者产生急性职业健康损伤时，对遭受职业健康损伤的人的抢救、急救措施，也包括立即控制、制止造成职业病危害事故原因的一些紧急措施。（5）其他一些需要让使用者了解的情况。这一规定也是出于保护劳动者身体健康的需要。

第二十九条　向用人单位提供可能产生职业病危害的化学品、放射性同位素和含有放射性物质的材料的，应当提供中文说明书。说明书应当载明产品特性、主要成份、存在的有害因素、可能产生的危害后果、安全使用注意事项、职业病防护以及应急救治措施等内容。产品包装应当有醒目的警示标识和中文警示说明。贮存上述材料的场所应当在规定的部位设置危险物品标识或者放射性警示标识。

国内首次使用或者首次进口与职业病危害有关的化学材料，使用单位或者进口单位按照国家规定经国务院有关部门批准后，应当向国务院卫生行政部门、安全生产监督管理部门报送该化学材料的毒性鉴定以及经有关部门登记注册或者批准进口的文件等资料。

进口放射性同位素、射线装置和含有放射性物质的物品的，按照国家有关规定办理。

条文主旨

本条是对向用人单位提供可能产生职业病危害的化学材料及放射性物品应符合法定要求的规定。

立法背景

化学品、化学材料、放射性同位素、射线装置和含有放射性物质的材料是职业病危害的重要来源，必须严格防范。因此，本条对上述物品的说明书、包装及贮存等作了规定，并对国内首次使用或者首次进口与职业病危害有关的化学材料，以及进口放射性同位素、射线装置和含有放射性物质的物品应当履行的义务作了规定。

条文解读

一、本条第一款对于提供可能产生职业病危害的化学品、放射性同位素和含有放射性物质的材料的要求作了规定。这是对提供可能产生职业病危害的材料的危害告知义务的规定。向用人单位提供可能产生职业病危害的材料，是指生产、经营、进口可能产生职业病危害的材料。这里讲的化学品，是指人工制造的或者从自然界取得的化学物质，包括化学物质本身、化学混合物或者化学配制物中的一部分，以及作为工业化学品和农药使用的物质。提供上述材料的，应当提供说明书，并且必须是中文的。目的是让用人单位能够读懂，让每一个劳动者能够读懂，这样才能了解如何对该种职业病危害进行预防。这是针对实践当中，有些进口的化学品没有说明书或者说明书全部用的是外文，使用者无法了解该化学品的情况，使劳动者的身体健康受到损害的情况所作的规定。说明书应当包括以下内容：（1）产品的特性。（2）该产品的主要成份。产品的职业病危害在产品的成份中可能有所体现，因此要求供应商必须注明产品的主要成份，这也是判断该产品有无职业病危害的主要根据。（3）该产品中存在的有害因素及可能产生的危害后果。即产品中存在的有害因素是化学因素、物理因素还是生物因素，以及这些因素所具体包括的内容。（4）安全使用注意事项。即安全使用这些产品应当注意哪些问题。（5）职业病防护以及应急救治措施。即对该种有害因素可能导致的职业病应当采取什么样的防护措施，如何进行预防以及发生职业病危害事故时，应当采取怎样的应急救治措施。（6）其他必须注明的注意事项。对于产品的包装，应当有醒目的警示标识，警示标识不能模糊不清，必须易于辨认。除此之外，包装上还应当有中文的警示说明。除产品本身应当有本条规定的标识和说明外，在贮存上述材料的场所，也应当在规定的部位设置必要的标识，如危险品标识和放射性警示标识。

二、按照本条第二款的规定，国内首次使用或者首次进口与职业病危害有关的化学材料，使用单位或者进口单位必须按照国家规定经国务院有关部门批准。这里讲的首次进口，是指外商或其代理人向中国出口其未曾在中国登记过的化学材料，即使同种化学材料已有其他外商或其代理人在中国进行了登记，仍被视为化学材料首次进口。这里讲的与职业病危害有关的化学材料，是指进入环境后，通过环境蓄积、生物累积、生物转化或化学反应等方式损害健康，或者通过接触对人体具有严重危害和具有潜在危险的化学材料。这里讲的国家规定，包括原国家环境保护局、海关总署、对外贸易经济合作部于 1994 年发布、2007 年 10 月 8 日修订的《化学品首次进口及有毒化学品进口环境管理规定》。按照该规定，国家环境保护主管部门在审批化学品首次进口环境管理登记申请时，对符合规定的，准予化学品环境管理登记并发给准许进口的《化学品进口环境管理登记证》。对经审查，认为中国不适于进口的化学品不予登记发证，并通知申请人。

按照本条第二款的规定，使用单位或者进口单位在依法经批准后，还应当向国务院卫生行政部门、安全生产监督管理部门报送该化学材料的毒性鉴定以及经有关部门登记注册或者批准进口的文件等资料。经有关部门登记注册或者批准进口的文件，包括国家环境保护主管部门发给的《化学品进口环境管理登记证》等资料。

三、按照本条第三款的规定，进口放射性同位素、射线装置和含有放射性物质的物品的，按照国家有关规定办理。《放射性同位素与射线装置安全和防护条例》第十六条规定，国务院对外贸易主管部门会同国务院环境保护主管部门、海关总署、国务院质量监督检验检疫部门和生产放射性同位素的单位的行业主管部门制定并公布限制进出口放射性同位素目录和禁止进出口放射性同位素目录。进口列入限制进出口目录的放射性同位素，应当在国务院环境保护主管部门审查批准后，由国务院对外贸易主管部门依据国家对外贸易的有关规定签发进口许可证。进口限制进出口目录和禁止进出口目录之外的放射性同位素，依据国家对外贸易的有关规定办理进口手续。

相关规定

《放射性同位素与射线装置安全和防护条例》第 16 条~第 18 条。

第三十条　任何单位和个人不得生产、经营、进口和使用国家明令禁止使用的可能产生职业病危害的设备或者材料。

条文主旨

本条是对禁止生产、经营、进口和使用国家明令禁止使用的可能产生职业病危害的设备和材料的规定。

立法背景

可能产生职业病危害的设备或者材料是职业病防治工作的监管重点之一，尤其是对国家明令禁止的设备和材料，任何单位和个人不得生产、经营、进口和使用。

条文解读

禁止生产、经营、进口和使用国家明令禁止使用的可能严重危害人体健康的设备和材料，可以改善作业方式，从而减少有害因素的扩散。按照本法规定，职业病危害，是指对从事职业活动的劳动者可能导致职业病的各种危害。可能产生职业病危害的设备，都是对人体健康能够造成危害的设备，有可能导致严重的职业病。对于这类设备国家明令禁止使用。可能产生职业病危害的材料，包括化学品、放射性同位素和含有放射性物质的材料。对于国家明令禁止使用的可能产生职业病危害的设备和材料，任何单位和个人不得生产、经营、进口和使用。如果违反这一规定，使用了国家明令禁止使用的可能产生职业病危害的设备或者材料的，要依照本法第七十五条第四项的规定，由安全生产监督管理部门责令限期治理，并处五万元以上三十万元以下的罚款；情节严重的，责令停止产生职业病危害的作业，或者提请有关人民政府按照国务院规定的权限责令关闭。

第三十一条　任何单位和个人不得将产生职业病危害的作业转移给不具备职业病防护条件的单位和个人。不具备职业病防护条件的单位和个人不得接受产生职业病危害的作业。

条文主旨

本条是对不得转移和接受产生职业病危害的作业的规定。

立法背景

用人单位从事产生职业病危害的作业，必须具备本法规定的职业病防护条件。本条从转移作业的一方和接受作业的一方两方面对这一问题作了规范。

条文解读

按照本法规定，产生职业病危害的用人单位的工作场所应当有与职业病危害防护相适应的设施；用人单位还应当建立一套职业病防治的管理措施，并且要为劳动者提供个人使用的职业病防护用品等。如果没有一系列的职业病防护措施，不具备职业病防护条件，劳动者的身体健康就得不到保护。所以，没有职业病防护条件的单位和个人，不得从事产生职业病危害的作业。为此，本条规定，任何单位和个人不得将产生职业病危害的作业转移给不具备职业病防护条件的单位和个人。另一方面，不具备职业病防护条件的单位和个人也不得接受产生职业病危害的作业。目前一些企业将本来局限于本企业内部的职业病危害，通过多层次的外包、转包等形式，广泛转移到其他企业和劳动者个人，劳动者在从事有毒有害作业时，往往得不到应有的防护条件和个人防护用品，造成职业病危害从职业人群向社会人群广泛扩散。本条针对这种严重情况作出上述规定是必要的。

第三十二条　用人单位对采用的技术、工艺、设备、材料，应当知悉其产生的职业病危害，对有职业病危害的技术、工艺、设备、材料隐瞒其危害而采用的，对所造成的职业病危害后果承担责任。

条文主旨

本条是对用人单位对采用的技术、工艺、设备、材料所产生的职业病危害不得隐瞒的规定。

立法背景

对于采用的技术、工艺、设备和材料，用人单位必须在清楚了解其产生的职业病危害后，才能使用。只有这样，才能采取相应的预防措施，保护劳动者的身体健康不受损害。如果不了解技术、工艺、设备、材料的职业病危害，就无法采取相应的预防措施，则不能采用，更不能对有职业病危害的技术、工艺、设备、材料隐瞒其危害而采用。2011 年修改后的职业病防治法在技术、工艺、材料之外增加了“设备”，扩大了用人单位应当知悉产生职业病危害的范围，更有利于保护劳动者。

条文解读

根据本条规定，用人单位对采用的技术、工艺、设备、材料，应当知悉其产生的职业病危害。例如，在某企业发生的正已烷中毒事故中，其中一个很重要的原因就是，企业没有如实把正已烷的毒性及其危害告诉职工。在该企业使用的美国壳牌正已烷的标签上明确标明：该化学品可致不可逆的肢体残废。但工厂却把这些标签全部撕掉，故意隐瞒原料毒性，使工人没有任何警惕性，有些工人甚至用正已烷来洗手、洗饭盆（正已烷可经呼吸道、皮肤和消化道吸收），出现严重中毒症状还以为是得了怪病。如果用人单位对所使用的技术、工艺、设备、材料的职业病危害不了解或者对该职业病危害加以隐瞒而采用，实际上也是对劳动者知情权的一种侵害，是对劳动者的一种欺骗。在这种情况下，用人单位应当对由此所造成的职业病危害后果承担责任。

第三十三条　用人单位与劳动者订立劳动合同（含聘用合同，下同）时，应当将工作过程中可能产生的职业病危害及其后果、职业病防护措施和待遇等如实告知劳动者，并在劳动合同中写明，不得隐瞒或者欺骗。

劳动者在已订立劳动合同期间因工作岗位或者工作内容变更，从事与所订立劳动合同中未告知的存在职业病危害的作业时，用人单位应当依照前款规定，向劳动者履行如实告知的义务，并协商变更原劳动合同相关条款。

用人单位违反前两款规定的，劳动者有权拒绝从事存在职业病危害的作业，用人单位不得因此解除与劳动者所订立的劳动合同。

条文主旨

本条是对用人单位在与劳动者订立劳动合同时必须依法履行职业病危害告知义务的规定。

立法背景

工作过程中可能产生的职业病危害及其后果，应当如实告知劳动者。这是用人单位在劳动合同中必须履行的一项告知义务，是劳动者享有的一项非常重要的权利。其意义在于，劳动者只有了解劳动过程中可能产生的职业病危害及其后果，才能根据自己的身体状况加以选择，是否在该用人单位从事劳动，在此基础上，才能考虑该用人单位所给予的待遇是否适当等。实践当中，劳动者从事有毒有害作业时，有的知道存在职业病危害，但大部分劳动者并不知道。特别是进入城镇三资企业、私营企业和乡镇企业务工的农民，由于他们文化水平较低，普遍缺乏自我保护意识、知识和能力。另一方面，一些用人单位存在为了多赚钱隐瞒工作场所职业病危害的真相，在与劳动者签订劳动合同时不履行职业病危害告知义务的情况。因此，本法针对这种情况作出了强制性的规定，用人单位必须按照本条规定履行义务，以维护劳动者的知情权，保护劳动者的身体健康。

条文解读

一、按照本条第一款的规定，用人单位与劳动者在签订劳动合同时，应当履行告知义务。劳动合同，是指劳动者与用人单位确立劳动关系，明确双方权利义务的协议。这里讲的劳动合同，包括聘用合同。所谓聘用合同，一般来讲，是指用人单位通过向特定的劳动者（一般是指有技术业务专长的人员）发聘书的方式，直接建立劳动关系的合同。按照本条规定，劳动合同的内容包括：（1）工作过程中可能产生的职业病危害及其后果。（2）职业病防护措施。虽然用人单位有产生职业病危害的可能，但是如果有相应的职业病防护措施，劳动者仍然可以选择在此从事劳动，因而这也是劳动合同中必不可少的内容。以上两项内容，是产生职业病危害的用人单位与劳动者在所签订的劳动合同中必须写明的内容。（3）待遇。包括劳动者享有的保险福利待遇以及患职业病后应享有的职业病病人的待遇。（4）还有其他一些需要在劳动合同中写明的内容。按照劳动法和劳动合同法的有关规定，劳动合同还应当包括劳动合同期限、工作内容、劳动报酬、劳动保护和劳动条件、劳动纪律、劳动合同终止的条件、违反劳动合同的责任。所有这些内容都是劳动合同的必备条款，也是法定条款。用人单位与劳动者签订劳动合同时应当注意：一是应将上述事项写清楚；二是如实告知真实情况，不得隐瞒，不得欺骗劳动者。

二、按照本条第二款的规定，劳动者在已订立劳动合同期间因工作岗位或者工作内容变更，从事所订立劳动合同中未告知的存在职业病危害的作业时，用人单位应依法履行告知义务，并协商变更相应条款。劳动合同依法订立，就具有法律约束力，双方当事人都必须全部履行合同规定的义务，任何一方都不得擅自变更合同。这对于保持合同的稳定性、维护合同的严肃性，都具有重要的意义。如果劳动者在劳动合同存续期间变动工作岗位或者工作内容发生变化，与原来所订立的劳动合同的内容不一致，实现合同的条件发生了变化，因而就涉及劳动合同的变更问题。劳动合同的变更，是指在劳动合同没有履行或虽已开始履行，但尚未完全履行之前，因订立劳动合同的主客观情况发生了变化，双方当事人依照法律规定的条件和程序，对原合同中的某些条款达成修改、补充协议的法律行为。劳动合同的变更，只限于在既定的劳动法律关系范围内就劳动合同的部分条款进行变更，但不涉及当事人的变更。如果因为工作岗位的变更，使劳动者从事的是原劳动合同中没有告知的存在职业病危害的作业时，用人单位应当按照本条第一款的规定，向劳动者履行职业病危害的告知义务，如实告知劳动者工作过程中可能产生的职业病危害及其后果、职业病防护措施和待遇等情况，不得隐瞒或者欺骗。并在此基础上与劳动者进行协商，变更原劳动合同的相关条款，比如劳动报酬、劳动保护和劳动条件等。如果协商不成，应当继续履行原劳动合同。

三、按照本条第三款的规定，用人单位违反前两款规定的，劳动者有权拒绝从事存在职业病危害的作业，用人单位不得因此解除或者终止与劳动者所订立的劳动合同。用人单位违反前两款规定，是指用人单位在与劳动者订立劳动合同时，没有将工作过程中可能产生的职业病危害及其后果、职业病防护措施和待遇等如实告知劳动者，对劳动者进行隐瞒或者欺骗；劳动者在已订立劳动合同期间因工作岗位或者工作内容变更，从事与所订立劳动合同中未告知的存在职业病危害的作业时，用人单位没有向劳动者告知工作过程中可能产生的职业病危害及其后果、职业病防护措施和待遇等情况，没有与劳动者协商变更原劳动合同的相关条款。在这种情况下，劳动者有权拒绝从事可能产生职业病危害的作业，这是法律赋予劳动者保护自身健康的一项权利。而用人单位则不能因为劳动者拒绝从事接触职业病危害的作业而单方面提前解除或者终止与劳动者订立的劳动合同。这里讲的解除劳动合同，是指用人单位作为劳动合同的一方，对已经订立的劳动合同在合同期限届满前结束合同效力的行为。

相关规定

《中华人民共和国劳动合同法》第8条、第17条。

第三十四条　用人单位的主要负责人和职业卫生管理人员应当接受职业卫生培训，遵守职业病防治法律、法规，依法组织本单位的职业病防治工作。

用人单位应当对劳动者进行上岗前的职业卫生培训和在岗期间的定期职业卫生培训，普及职业卫生知识，督促劳动者遵守职业病防治法律、法规、规章和操作规程，指导劳动者正确使用职业病防护设备和个人使用的职业病防护用品。

劳动者应当学习和掌握相关的职业卫生知识，增强职业病防范意识，遵守职业病防治法律、法规、规章和操作规程，正确使用、维护职业病防护设备和个人使用的职业病防护用品，发现职业病危害事故隐患应当及时报告。

劳动者不履行前款规定义务的，用人单位应当对其进行教育。

条文主旨

本条是对用人单位、用人单位的主要负责人、职业卫生管理人员和劳动者在接受职业卫生培训等方面要求的规定。

立法背景

用人单位的职业病防治工作做得如何，关键在于用人单位的主要负责人、职业卫生管理人员以及劳动者是否具有职业病防治的观念、职业病防治的有关知识以及职业病防治的管理水平。因此，用人单位应当加强对有关人员的职业卫生培训，劳动者也应当学习和掌握相关的职业卫生知识。2011 年修改后的职业病防治法将接受职业卫生培训的主体由“用人单位的负责人”修改为“用人单位的主要负责人和职业卫生管理人员”，目的是增强用人单位主要负责人的职业病防治意识。主要负责人和职业卫生管理人员都要接受培训。

条文解读

一、本条第一款是对用人单位的主要负责人和职业卫生管理人员在职业病防治方面的责任的规定。用人单位的负责人对用人单位的生产经营活动全面负责，当然对于职业病防治工作负有不可推卸的责任。这里讲的“职业卫生培训”，是指针对有关作业环境对劳动者健康的影响，提出改善作业环境、保护劳动者健康、防治职业病危害、预防职业病措施的技术业务知识和实际操作技能的教育和培训。用人单位的主要负责人和职业卫生管理人员作为用人单位的管理者，首先应当接受这种职业卫生的培训，掌握职业卫生的相关知识，这样才能提高对改善劳动条件，控制职业病危害重要性的认识，才能做好本单位的职业病防治工作。这也是用人单位的主要负责人和职业卫生管理人员的一项义务。实践中有些用人单位的主要负责人和职业卫生管理人员本身对职业卫生知识知之甚少，从而对职业病防治工作不重视，也不对劳动者进行必要的职业病防护，这也是造成职业病危害的原因之一。除此之外，用人单位的主要负责人和职业卫生管理人员还应当遵守职业病防治的法律、法规，包括本法和相关的法律以及行政法规和地方性法规，并依照法律的规定组织本单位的职业病防治工作。

二、本条第二款规定了用人单位对劳动者进行职业病防治教育方面的责任。包括以下几个方面：（1）应当组织劳动者进行职业卫生培训，包括上岗前的职业卫生培训和在岗期间的职业卫生培训。按照我国宪法的有关规定，国家举办各种学校，发展职业教育。公民有受教育的权利，包括接受职业教育。劳动者接受职业卫生培训，既是劳动者享有的权利也是应承担的义务。职业卫生培训对于劳动者做好自身对职业病危害的预防是必不可少的。通过职业卫生培训，使劳动者掌握哪些是职业病危害以及如何预防与控制等方面的职业卫生知识，提高自我健康保护意识，并积极加以预防，保护自身健康。在岗期间的职业卫生培训应当定期进行。（2）应当督促劳动者遵守职业病防治法律、法规、规章和操作规程。（3）对劳动者使用职业病防护设备和使用职业病防护用品加以指导，因为有些劳动者对于职业病防护设备和职业病防护用品缺乏正确使用的知识，需要用人单位在这方面加强指导，从而真正起到防治职业病的作用。

三、本条第三款规定了劳动者应当遵守的职业病防治方面的义务。首先，劳动者应当加强对职业病防治方面知识的学习，通过学习掌握职业卫生知识。第二，自觉遵守职业病防治法律、法规、规章和操作规程。第三，对于职业病防护用品和防护设备要正确使用，并且要加以维护。第四，发现职业病危害事故的隐患，要及时报告，以便用人单位及时采取措施，消除职业病危害事故的隐患。

四、实践中，有些劳动者对于用人单位提供的职业病防护用品和职业病防护设备，不能正确使用；有的对于提供的职业病防护用品重视不够，甚至根本就不采用。比如，有的劳动者因为天气热就不戴防尘口罩。这样做，对劳动者本人身体健康的危害是很大的。劳动者如果不履行本条规定的义务，比如不参加职业卫生培训，不遵守职业病防治法律，不正确使用、维护职业病防护设备和个人使用的职业病防护用品等，用人单位应当对该劳动者进行教育，严重的要进行批评，帮助其改正。应使每一个劳动者认识到，履行法律规定的义务，不仅是保护其个人身体健康的需要，同时也是保护其他劳动者身体健康的需要。

相关规定

《用人单位职业病危害防治八条规定》。

第三十五条　对从事接触职业病危害的作业的劳动者，用人单位应当按照国务院安全生产监督管理部门、卫生行政部门的规定组织上岗前、在岗期间和离岗时的职业健康检查，并将检查结果书面告知劳动者。职业健康检查费用由用人单位承担。

用人单位不得安排未经上岗前职业健康检查的劳动者从事接触职业病危害的作业；不得安排有职业禁忌的劳动者从事其所禁忌的作业；对在职业健康检查中发现有与所从事的职业相关的健康损害的劳动者，应当调离原工作岗位，并妥善安置；对未进行离岗前职业健康检查的劳动者不得解除或者终止与其订立的劳动合同。

职业健康检查应当由省级以上人民政府卫生行政部门批准的医疗卫生机构承担。

条文主旨

本条是对职业健康检查制度的规定。

立法背景

职业健康检查是一项重要的职业病防治管理措施，用人单位及时组织劳动者进行职业健康检查，有助于及时发现因接触职业病危害因素而引起的健康损害并及时得到诊断和治疗，避免因长期接触职业病危害而导致无法挽回的健康损害。因此，本法将组织上岗前、在岗期间和离岗时的职业健康检查规定为用人单位的一项强制性义务，并对用人单位的相关义务作了相应的规定。应当说，依法开展职业健康检查工作是落实职业病防治管理措施，维护劳动者合法权益的一项重要内容，用人单位应当严格遵守法律规定。2001 年职业病防治法中规定用人单位应当按照国务院卫生行政部门的规定组织上岗前、在岗期间和离岗时的职业健康检查，并将检查结果如实告知劳动者。中编办调整职业卫生监管部门职责分工后，这项工作的监管职能已由卫生行政部门负责调整为由安全生产监督管理部门和卫生行政部门共同负责，安全生产监督管理部门主要负责对用人单位组织劳动者进行职业健康检查作出规定，卫生行政部门主要对职业健康机构的检查活动进行规范。本法这一条根据中央有关文件的精神从法律上明确了安全生产监督管理部门和卫生行政部门在监督用人单位履行职业健康检查义务中的各自义务。另外，2011 年修改后的职业病防治法将原法这一条中规定的“如实告知劳动者”修改为“书面告知劳动者”，要求用人单位履行告知义务采用书面形式，有利于劳动者明确主张自己的权利，并在自身权利受损后能够更方便地举出证据来，依法维护其合法权益。

条文解读

一、按照本条第一款的规定，对于从事接触职业病危害的作业的劳动者，用人单位应当按照国务院安全生产监督管理部门、卫生行政部门的规定组织职业健康检查。职业健康检查，是职业健康监护制度的重要内容。用人单位对从事接触职业病危害的作业的劳动者，应当组织三个阶段的健康检查：（1）上岗前的职业健康检查。其目的在于发现职业禁忌症，以便分清责任。检查的内容为，根据劳动者拟从事的工种和工作岗位，分析该工种和岗位存在的职业病危害因素及其对人体健康的影响，确定特定的健康检查项目，根据检查结果，评价劳动者是否适合从事该工种的作业。通过上岗前的职业健康检查，可以防止职业病发生，减少或消除职业病危害易感劳动者的健康损害，减少用人单位的经济损失和社会负担。（2）在岗期间的职业健康检查。其目的在于及时发现劳动者的健康损害。在岗期间的职业健康检查要定期进行，根据检查结果，评价劳动者的健康变化是否与职业病危害因素有关，判断劳动者是否适合继续从事该工种的作业。通过对劳动者进行在岗期间的职业健康检查，可以早期发现健康损害，及时治疗，减轻职业病危害后果，减少用人单位经济损失和社会负担。（3）离岗时的职业健康检查。其目的是了解劳动者离开工作岗位时的健康状况，以分清健康损害的责任，特别是依照本法规定所要承担的民事赔偿责任。检查的内容为评价劳动者在离开工作岗位时的健康变化是否与职业病危害因素有关。其健康检查的结论是职业健康损害的医学证据，有助于明确健康损害责任，保障劳动者健康权益，减少社会负担。关于职业健康检查的时间和次数，法律上没有作出具体规定，应当按照国务院卫生行政部门的规定进行组织。对于职业健康检查的结果，用人单位应当如实的告知劳动者本人，不得隐瞒真实情况。关于职业健康检查的费用，法律明确规定由用人单位承担，不能由劳动者个人承担。另外，劳动者接受职业健康检查应当视同正常出勤。

二、按照本条第二款的规定，用人单位在安排劳动者从事接触职业病危害的作业时，应当注意以下几个方面：（1）如果劳动者没有经过上岗前的职业健康检查，由于用人单位不了解该劳动者的身体情况，因而不得安排其从事接触职业病危害的作业。（2）对于有职业禁忌的劳动者，用人单位也不得安排其从事其所禁忌的作业。这里所说的职业禁忌，是指劳动者从事特定职业或者接触特定职业病危害因素时，比一般职业人群更易于遭受职业病危害和罹患职业病或者可能导致原有自身疾病病情加重，或者在从事作业过程中诱发可能导致对他人生命健康构成危险的疾病的个人特殊生理或者病理状态。（3）对于通过职业健康检查，发现劳动者有与其所从事的职业相关的健康损害的，应当将其调离原来的工作岗位，重新安排，并应当妥善地安置好劳动者的工作与生活。

三、按照本条第二款的规定，如果劳动者在离岗前没有进行职业健康检查，用人单位不得解除或者终止与其订立的劳动合同。这是用人单位不得解除劳动合同的条件之一。由于劳动者在离岗前没有进行职业健康检查，劳动者不了解自己的身体状况，用人单位也无法判断劳动者是否受到职业病危害，患了职业病。为了保障劳动者的合法权益，在这种情况下，用人单位在任何时候都不得单方面解除或者终止与劳动者所订立的劳动合同。劳动合同法对此问题也作了相应的规定，《劳动合同法》第四十二条第一项规定，从事接触职业病危害作业的劳动者未进行离岗前职业健康检查，或者疑似职业病病人在诊断或者医学观察期间，用人单位不得解除劳动合同。同时根据《劳动合同法》第四十五条的规定，有上述情形的，劳动合同期满后应当续延至相应的情形消失时终止。

四、按照本条第三款的规定，职业健康检查工作，并不是所有的医疗卫生机构都能承担，必须是由经过国务院卫生行政部门或者省、自治区、直辖市人民政府卫生行政部门批准的医疗卫生机构承担。之所以这样规定，是考虑到职业健康检查，关系到劳动者的身体健康，也涉及劳动者的合法权益，所以应当由省级以上的卫生行政部门对从事职业健康检查的医疗卫生机构进行把关，必须具备一定的条件，才能承担这项工作。由于职业健康检查专业性强，责任重大，因而承担职业健康检查的医疗卫生机构，除了按照本法规定要经过省级以上卫生行政部门批准，还应当具备一些法定的条件，比如，必须要取得《医疗机构执业许可证》；在《医疗机构执业许可证》上注明获准开展的职业健康检查项目；要有规定数量的具有执业医师资格的职业卫生医师。

相关规定

《中华人民共和国劳动合同法》第 42 条、第 45 条；《职业健康检查管理办法》。

第三十六条　用人单位应当为劳动者建立职业健康监护档案，并按照规定的期限妥善保存。

职业健康监护档案应当包括劳动者的职业史、职业

病危害接触史、职业健康检查结果和职业病诊疗等有关个人健康资料。

劳动者离开用人单位时，有权索取本人职业健康监护档案复印件，用人单位应当如实、无偿提供，并在所提供的复印件上签章。

条文主旨

本条是对职业健康监护档案的规定。

立法背景

职业健康监护档案是记录劳动者职业史、职业病危害接触史、职业健康检查结果和职业病诊疗等有关个人健康资料的各类档案的总和。建立职业健康监护档案，有利于劳动者和用人单位及时掌握劳动者的身体健康状况，有利于劳动者及时发现职业病，同时也有利于职业病诊断、鉴定机构及时并准确地诊断和鉴定职业病。同时，职业健康档案还是劳动者在其权利受侵害后及时有效主张权利的重要凭证。一旦劳动者发现自己得了职业病，他可以通过职业健康监护档案及时准确地追踪到应当承担责任的主体。

条文解读

一、按照本条第一款的规定，用人单位应当为劳动者建立职业健康监护档案。职业健康监护，是评价劳动者健康变化与职业病危害因素的关系的一项措施。实行职业健康监护，可以防止职业病的发生，减少或者消除职业病危害对劳动者的健康损害，可以减少用人单位的经济损失和社会负担，有利于保障劳动者的健康权益。这里讲的职业健康监护，是指为了及时发现劳动者的职业健康损害，根据劳动者的职业接触史，对劳动者进行有针对性的定期或者不定期的健康检查和连续的、动态的医学观察，记录职业接触史及健康变化，对劳动者健康变化与职业病危害因素的关系进行评价。职业健康监护档案，就是上述内容的文字或者图表等形式的历史记录。职业健康监护档案是劳动者健康的客观记录，是职业病诊断鉴定的重要根据之一，也是法院审理健康权益案件的物证。职业健康监护档案的资料，一般来自于职业健康检查机构。按照本条的规定，用人单位对于劳动者的职业健康监护档案应当按照规定的期限妥善保存。劳动者的职业健康监护档案，是涉及劳动者健康权益的重要资料，用人单位必须建立科学的、严格的管理制度，尽可能地配置适宜保存档案的专门库房和必要的设施，妥善地加以保存。至于健康档案的保管期限，应当按照国家档案管理部门的有关规定执行。

二、按照本条第二款的规定，职业健康监护档案的内容包括：劳动者的职业史、职业病危害接触史、职业健康检查结果和职业病诊疗等有关个人健康的资料。

三、按照本条第三款的规定，劳动者在离开用人单位时，有权向用人单位索取本人的职业健康监护档案的复印件，用人单位不能拒绝，并且要如实地、无偿地提供给劳动者。用人单位不能为了逃避责任，对职业健康监护档案进行篡改、伪造，加以隐瞒，提供虚假的职业健康监护档案；也不能当劳动者索取健康监护档案复印件时，向劳动者提出不合理的要求，附加条件，甚至索要费用，进而刁难劳动者。为了确认所提供的健康监护档案的效力，用人单位还应当在所提供的健康监护档案的复印件上签字、盖章。这是对用人单位所规定的一项义务。

相关规定

《职业健康检查管理办法》。

第三十七条　发生或者可能发生急性职业病危害事故时，用人单位应当立即采取应急救援和控制措施，并及时报告所在地安全生产监督管理部门和有关部门。安全生产监督管理部门接到报告后，应当及时会同有关部门组织调查处理；必要时，可以采取临时控制措施。卫生行政部门应当组织做好医疗救治工作。

对遭受或者可能遭受急性职业病危害的劳动者，用人单位应当及时组织救治、进行健康检查和医学观察，所需费用由用人单位承担。

条文主旨

本条是对发生或者可能发生职业病危害事故时如何处理的规定。

立法背景

发生或者可能发生职业病危害事故时，用人单位和接到报告的部门应当及时进行处置，否则可能会导致职业病危害事故的实际发生，或者职业病危害事故的危害后果进一步扩大。这其中既有用人单位的义务，也有安全生产监督管理部门、卫生行政部门等职业卫生监管部门的职责。2001 年《职业病防治法》第三十四条规定由卫生行政部门处理职业病危害事故，职业卫生监督管理职责分工调整后，这项工作主要由安全生产监督管理部门负责，因此2011年职业病防治法修改后根据中编办的职责调整精神对本条作了修改。同时，增加了有关卫生行政部门在职业病危害事故发生后应当组织做好医疗救治工作的规定。

条文解读

一、按照本条第一款的规定，在劳动过程中发生或者可能发生急性职业病危害事故时，用人单位应当立即采取措施。这里讲的急性职业病危害事故，是指存在于工作场所的职业病危害因素由于某种意外原因，如违反操作规程，设备失修等，对劳动者造成的突发的职业损伤，如毒气泄漏引起急性中毒等。发生急性职业病危害事故时，用人单位应当采取以下措施：（1）立即采取应急救援措施和控制措施，控制危害事故的发生，避免这种危害扩散。对于尚未发生，但有可能发生的事故，也要积极地采取措施，避免危害事故的发生。应急救援措施，一般是指发生职业病危害事故时，对遭受职业病危害的劳动者进行抢救和采取援助措施。（2）在采取应急救援和控制措施的同时，用人单位还应当及时地向用人单位所在地的人民政府安全生产监督管理部门和有关部门报告，以便安全生产监督管理部门和有关部门及时地了解发生事故的情况，指导用人单位采取有效的措施。有关部门包括劳动行政部门。按照本条规定，接到报告的安全生产监督管理部门，应当及时会同有关部门尽快到达事故现场，调查、分析事故原因，并对事故进行处理，不能拖延。这是对安全生产监督管理部门规定的一项责任。如果有必要，安全生产监督管理部门可以采取临时的控制职业病危害事故的措施。同时，卫生行政部门应当组织做好医疗救治工作。

二、按照本条第二款的规定，对遭受职业病危害的劳动者或者可能遭受职业病危害的劳动者，用人单位要及时地组织进行救护，及时将受到职业病危害的劳动者送到医疗卫生机构进行治疗，并对劳动者进行健康检查，留在医疗机构进行医学观察。对于以上治疗、健康检查和医学观察所花费的费用，由用人单位承担。

第三十八条　用人单位不得安排未成年工从事接触职业病危害的作业；不得安排孕期、哺乳期的女职工从事对本人和胎儿、婴儿有危害的作业。

条文主旨

本条是对未成年工和女职工劳动保护的规定。

立法背景

未成年人和孕期、哺乳期女职工是劳动保护的重点对象之一。我国劳动法、劳动合同法、未成年人保护法以及妇女权益保障法等多部法律对未成年人以及女职工的合法权利的保护作了规定，其中包括劳动过程中的保护。从总的原则来看，由于未成年工和孕期、哺乳期的女职工的身体发育状况或者生理特点，有必要给予其不同于一般劳动者的特殊保护，这既是法律重点保护弱者的权利的重要体现，也对促进社会和谐稳定具有很重要的意义。

条文解读

一、对于未成年工的保护。按照劳动法的规定，国家对未成年工实行特殊劳动保护。未成年工，是指年满十六周岁未满十八周岁的劳动者。按照未成年人保护法的规定，任何组织和个人不得招用未满十六周岁的未成年人，国家另有规定的除外。任何组织和个人依照国家有关规定招收已满十六周岁未满十八周岁的未成年人的，应当在工种、劳动时间、劳动强度和保护措施等方面执行国家有关规定，不得安排其从事过重、有毒、有害的劳动或者危险作业。由于未成年工的身体正处于发育阶段，身体的成长还未最后成型，对外界的抵抗力较差，如果不对其在劳动方面进行特殊保护，将会直接影响未成年工的身体健康，影响我国下一代职工的身体素质。因此，本条规定，用人单位不得安排未成年工从事接触职业病危害的作业，包括接触粉尘作业、毒物危害、放射性危害、职业肿瘤等作业。

二、对女职工的特殊保护。按照劳动法的规定，国家对女职工实行特殊劳动保护。对女职工实行特殊保护，是由女职工的身体结构和生理机能决定的。男性对于外界环境的适应能力要高于女性。特别是女职工在孕期和哺乳期，必须实行特殊保护，否则不仅影响女职工自身的身体健康，还会影响下一代的身体健康。国家规定女职工禁忌从事某些有害健康的工种，这并不是对女职工劳动就业条件的限制，而是以保护女职工本身的健康及其子女的正常发育和成长为出发点的，是对女职工身心健康的关心。有危害的作业，指可能对人体产生各种危害的作业，包括有毒、有害的作业。由于生产性毒物对女职工的影响，除了会产生与男职工同样的中毒现象外，还会产生一些特有的危害，女职工的皮肤比男职工敏感；怀孕期的女职工容易产生流产、早产、死产或畸形等；如果女职工正在哺乳期，某些毒物进入人体后，随乳汁排出，影响婴儿的健康成长。振动是噪声的来源，振动和噪声一样对女职工的健康有不同程度的影响，长期从事振动性作业，可以造成女职工的子宫下垂，或使怀孕女职工造成自然流产等。因此，本条规定，用人单位对于孕期、哺乳期的女职工不得安排其从事对本人和胎儿、婴儿有危害的作业。

相关规定

《中华人民共和国劳动法》第58条~第65条；《中华人民共和国未成年人保护法》第38条；《中华人民共和国妇女权益保障法》第26条。

第三十九条　劳动者享有下列职业卫生保护权利：

（一）获得职业卫生教育、培训；

（二）获得职业健康检查、职业病诊疗、康复等职业病防治服务；

（三）了解工作场所产生或者可能产生的职业病危害因素、危害后果和应当采取的职业病防护措施；

（四）要求用人单位提供符合防治职业病要求的职业病防护设施和个人使用的职业病防护用品，改善工作条件；

（五）对违反职业病防治法律、法规以及危及生命健康的行为提出批评、检举和控告；

（六）拒绝违章指挥和强令进行没有职业病防护措施的作业；

（七）参与用人单位职业卫生工作的民主管理，对职业病防治工作提出意见和建议。

用人单位应当保障劳动者行使前款所列权利。因劳

动者依法行使正当权利而降低其工资、福利等待遇或者解除、终止与其订立的劳动合同的，其行为无效。

条文主旨

本条是对劳动者享有的职业卫生保护权利的规定。

立法背景

职业卫生保护，是指在职业病防治工作中，为保护劳动者健康，治理职业病危害，预防职业病发生而采取的一切有效的措施和方法的总称。按照本法的规定，劳动者依法享有职业卫生保护的权利。

条文解读

一、劳动者享有的职业卫生保护权利包括以下几个方面：

1. 获得职业卫生教育、培训，即受培训、教育权。劳动者为了掌握劳动技能，掌握职业病防治方面的知识与技能，有必要接受职业卫生教育和培训，这是劳动者享有的权利。通过职业卫生教育与培训，劳动者可以增强自我健康保护意识，提高保护健康的能力。按照本法第三十四条的规定，用人单位有义务对劳动者进行上岗前的职业卫生培训和在岗期间的定期职业卫生培训。

2. 享受职业健康检查、职业病诊疗、康复等职业病防治服务，即职业健康权。职业健康检查，是职业健康监护制度的重要内容。劳动者有权享受定期的职业健康检查，以能够经常性地了解自己的身体状况，及时发现职业病，并得到及时的治疗。按照本法第三十五条的规定，对从事接触职业病危害的作业的劳动者，用人单位有义务按照国务院安全生产监督管理部门、卫生行政部门的规定组织上岗前、在岗期间和离岗时的职业健康检查。当劳动者患职业病后，用人单位应当按照国家规定安排职业病病人进行治疗、康复。

3. 了解工作场所产生或者可能产生的职业病危害因素、危害后果以及应当采取的职业病防护措施，即职业病危害的知情权。劳动者对于职业病危害的知情权，与劳动者的生命健康权关系密切，是保护劳动者生命健康权的重要前提。劳动者职业病危害知情权的实现，主要是通过在与用人单位签订劳动合同时来实现的。用人单位与劳动者签订劳动合同时，应当将工作过程中产生的职业病危害及其后果、职业病防护措施等如实告知劳动者。劳动者只有了解工作场所产生或者可能产生的职业病危害因素、危害后果以及应当采取的职业病防护措施，才能真正保护自身的健康。因此，法律赋予劳动者这一权利。

4. 要求用人单位提供符合防治职业病要求的职业病防护设施和个人使用的职业病防护用品，进而改善工作条件，即获得劳动保护的权利。由于劳动者从事接触职业病危害因素的作业，因而，应当得到适当的保护。这是保护劳动者身体健康的重要措施。按照本法第二十二条的规定，用人单位必须采用有效的职业病防护设施，并为劳动者提供个人使用的符合防治职业病要求的职业病防护用品，这是用人单位的一项义务。

5. 对违反职业病防治法律、法规以及危及生命健康的行为提出批评、检举和控告，即检举权、控告权。按照本法第十三条的规定，任何单位和个人有权对违反本法的行为进行检举和控告，有关部门收到相关的检举和控告后，应当及时处理。作为劳动者，对于违反本法的行为当然有检举和控告的权利。如果劳动者发现用人单位有违反职业病防治法律、法规以及危及生命健康的行为，有权对用人单位提出批评，并有权向有关部门进行检举和控告。检举可以署名，也可以不署名；可以用书面形式，也可以用口头形式。但是，劳动者在行使这一权利时，应注意检举和控告的情况必须真实，要实事求是，不能道听途说，无中生有，更不能凭空捏造。

6. 拒绝违章指挥和强令进行没有职业病防护措施的作业，即拒绝作业权。这是保护劳动者生命健康的一项非常重要的权利。这里讲的违章指挥，主要是指用人单位的负责人、生产管理人员和工程技术人员违反规章制度，不顾劳动者的生命健康，指挥劳动者进行生产活动的行为。进行没有防护措施的作业，是指用人单位对于没有本法规定的职业病防护措施的作业，不顾劳动者的生命健康，强迫、命令劳动者进行作业。这些都是对劳动者生命健康的极大威胁。为了保护自己的生命健康，对于用人单位的这种行为，劳动者应当有权加以拒绝。

7. 参与用人单位职业卫生工作民主管理，对职业病防治工作提出意见和建议，即参与民主管理权。劳动者作为用人单位的一部分，当然会关心用人单位的生产经营情况，且用人单位的经济效益与劳动者的切身利益息息相关，特别是职业病防治工作更是涉及劳动者的生命健康。因此，劳动者有权利参与用人单位的民主管理。参与用人单位的民主管理，可以充分调动劳动者的积极性与主动性，可以充分发挥劳动者的聪明才智，为用人单位献计献策，对职业病防治工作提出意见与建议，与用人单位共同做好职业病防治工作。

二、劳动者享有的上述职业卫生保护权利，是法律赋予劳动者的权利，用人单位应当保障劳动者行使，任何人不得侵犯劳动者依法享有的权利。如果用人单位因为劳动者依法行使法律规定的权利，比如，当劳动者发现用人单位有违反职业病防治法律、法规以及危及生命健康的行为时，对用人单位提出批评或者到有关部门进行检举、控告，用人单位便对该劳动者通过降低其工资、福利待遇等方式，对其进行打击报复，或者因此解除、终止与该劳动者订立的劳动合同，这些行为都是对劳动者依法行使正当权利的一种制约，一种侵犯。因此，为了保障劳动者能够切实享有法律规定的职业卫生保护的权利，本条规定用人单位因劳动者依法行使法律规定的权利，而降低其工资、福利等待遇或者解除、终止与其订立的劳动合同的行为无效。

相关规定

《中华人民共和国职业病防治法》第 13 条、第 22 条、第 34 条、第 35 条。

第四十条　工会组织应当督促并协助用人单位开展职业卫生宣传教育和培训，有权对用人单位的职业病防治工作提出意见和建议，依法代表劳动者与用人单位签订劳动安全卫生专项集体合同，与用人单位就劳动者反映的有关职业病防治的问题进行协调并督促解决。

工会组织对用人单位违反职业病防治法律、法规，侵犯劳动者合法权益的行为，有权要求纠正；产生严重职业病危害时，有权要求采取防护措施，或者向政府有关部门建议采取强制性措施；发生职业病危害事故时，有权参与事故调查处理；发现危及劳动者生命健康的情形时，有权向用人单位建议组织劳动者撤离危险现场，用人单位应当立即作出处理。

条文主旨

本条是对工会组织在参与职业病防治工作中的权利的规定。

立法背景

工会组织是职工自愿结合的工人阶级的群众组织。工会组织是代表和维护职工利益替职工说话、办事的组织，是用人单位党组织和行政领导的助手以及联系职工群众的桥梁。代表和维护职工利益，是工会组织义不容辞的责任。职业病防治法修改过程中，许多常委会组成人员提出应当进一步加强和发挥各级工会组织在职业病防治工作中的职能。根据常委会组成人员的审议意见，结合实际工作的需要，参考工会法、劳动合同法的有关规定，2011 年修改后的职业病防治法在原法第三十七条规定的基础上，增加规定工会组织依法代表劳动者与用人单位签订劳动安全卫生专项集体合同。增加这一规定，有助于进一步增强劳动者在集体协商中的话语权。通过签订劳动安全卫生专项集体合同的形式，将劳动过程中有关安全卫生条件的内容以集体合同的形式确定下来，有利于增强用人单位的职业病防治意识，并切实保障劳动者依法享有的职业卫生安全保护的权利。

条文解读

一、按照本条第一款的规定，工会组织有权参与用人单位的民主管理，包括以下几方面：（1）督促并协助用人单位开展职业卫生宣传教育和培训。按照本法第十一条的规定，县级以上人民政府职业卫生监督管理部门应当加强对职业病防治的宣传教育，普及职业病防治的知识，增强用人单位的职业病防治观念，提高劳动者的职业健康意识、自我保护意识和行使职业卫生保护权利的能力。因此，用人单位也应当进行职业病防治的宣传教育，这对于劳动者来说是非常有益的一项工作。关于职业卫生培训，按照本法第三十四条的规定也是用人单位的一项义务。其对于劳动者学习和掌握相关的职业卫生知识，增强职业病防范意识，遵守职业病防治法律、法规、规章和操作规程，正确使用、维护职业病防护设备和个人使用的职业病防护用品等，也是很有益处的。因此，用人单位必须履行本法规定的义务。工会组织作为代表职工利益的组织，应当对用人单位开展这些活动加以督促，并协助用人单位把这项对劳动者有益的工作做好。（2）对用人单位在职业病防治工作方面存在的问题提出意见，比如发现用人单位有关职业病防护的制度和措施还不够完善，工会组织有义务向用人单位指出，并提出解决问题的建议。（3）依法代表劳动者与用人单位签订劳动安全卫生专项集体合同。（4）由于工会是代表和维护职工利益的组织，因而劳动者发现问题必然先向工会组织反映。对于劳动者向工会组织反映用人单位有关职业病防治方面的问题，工会组织应当代表职工将这些反映的问题与用人单位进行沟通，加以协调，并督促用人单位加以解决。

二、按照本条第二款的规定，工会组织有权参与用人单位的民主监督。包括以下几方面内容：（1）对于用人单位违反职业病防治法律、法规，侵犯劳动者合法权益的行为，有权要求纠正。比如用人单位对有职业病危害的技术、工艺、设备、材料在使用时对劳动者加以隐瞒，工会组织应当与用人单位进行交涉，要求用人单位立即采取措施予以改正，向劳动者告知所使用的技术、工艺、设备和材料的职业病危害，并采取相应的职业病防护措施。（2）如果产生严重的职业病危害时，要求用人单位采取防护措施，或者向政府有关部门报告，建议采取强制性措施。（3）当发生职业病危害事故时，代表职工参与职业病危害事故的调查处理，以及时地了解事故的原因。（4）发现有危及劳动者生命健康的情形时，比如可能发生毒气泄漏时，为了保护劳动者的生命健康，向用人单位建议组织劳动者立即撤离危险现场，用人单位应当及时作出处理决定。这里规定的工会组织只有建议权，这是考虑到工会组织作为群众性的组织，在任何情况下都不能代替用人单位行政方面指挥生产。

相关规定

《中华人民共和国工会法》第 5 条、第 6 条、第 19 条～第 26 条；《中华人民共和国劳动法》第 33 条～第 35 条；《中华人民共和国劳动合同法》第 6 条。

第四十一条　用人单位按照职业病防治要求，用于预防和治理职业病危害、工作场所卫生检测、健康监护和职业卫生培训等费用，按照国家有关规定，在生产成本中据实列支。

条文主旨

本条是对有关职业病防治费用的规定。

立法背景

职业病防治工作是我国预防保健事业的重要组成部分，关系到国家经济建设和劳动力的可持续发展。保障职业病防治工作的经费将有力地巩固现有的工作成果，并进一步推动职业病防治工作不断发展。因此本条规定，用人单位的职业病防治经费可以按照国家有关规定，在生产成本中据实列支，从法律制度上解决了职业病防治经费不落实的问题。

条文解读

根据本条规定，在职业病防治方面可以列入生产成本的项目具体包括：（1）用于预防和治理职业病危害的费用。如为防止或控制职业病危害而投入的防护设施、个人职业病防护用品以及各种职业卫生防护用具的费用。（2）用于工作场所卫生检测的费用。如用人单位对有职业病危害因素的作业场所进行定期检测所花费的费用。（3）用于健康监护的费用。如对劳动者进行上岗前、在岗期间和离岗时的职业健康检查所需的费用。（4）职业卫生培训费用。在实践当中，有些用人单位将这些开支列入了职工福利经费范围，这样既影响了职工福利方面的待遇，也限制了各项职业卫生防护管理工作的正常开展。有些用人单位以职业病防治费用无处落实为由，不给从事有毒、有害作业的劳动者配置个人防护用品，不对防护设施进行维修保养，不进行工作场所职业病危害因素检测和劳动者职业健康检查，剥夺了劳动者应享有的健康监护权利。应当根据本条规定予以纠正。具体如何列支，按照国家有关规定执行。

第四十二条　职业卫生监督管理部门应当按照职责分工，加强对用人单位落实职业病防护管理措施情况的监督检查，依法行使职权，承担责任。

条文主旨

本条是关于职业卫生监督管理部门加强监督检查的规定。

立法背景

在职业病防治工作中，职业卫生监督管理部门加强监督检查是其依法行政的重要体现，也是确保用人单位严格遵守职业病防治法律法规、落实职业病防护管理措施的重要手段。徒法不足以自行，只有监管部门严格执法，依法加强监督检查工作，法律规定才能够真正得到落实。本条是 2011 年《职业病防治法》修改以后新增加的条文，是根据一些常委委员的意见，进一步体现“预防为主”的方针，加强职业病源头预防和控制，进一步落实监管部门的监管责任而制定的。职业卫生监督管理职能根据本法第九条的规定作了相应调整后，职业卫生监管部门由原来的卫生行政部门一家调整为卫生、安全生产监督管理、劳动保障三家，履行监督检查职责主体也由一家相应调整为三家，三家部门根据各自的职责分工开展监督检查工作。

条文解读

本条对职业卫生监督管理部门对用人单位的监督检查职责作了规定。根据这一规定，安全生产监督管理、卫生、劳动保障部门应当根据各自的职责范围开展工作。职业卫生监督管理部门监督检查内容为用人单位落实职业病防护管理措施的情况，职业卫生监督管理部门必须依法行使职权、承担责任。

相关规定

《中华人民共和国职业病防治法》第 9 条、第 27 条；《关于职业卫生监管部门职责分工的通知》。

第四章　职业病诊断与职业病病人保障

第四十三条　**医疗卫生机构承担职业病诊断，应当经省、自治区、直辖市人民政府卫生行政部门批准。省、自治区、直辖市人民政府卫生行政部门应当向社会公布本行政区域内承担职业病诊断的医疗卫生机构的名单。**

承担职业病诊断的医疗卫生机构应当具备下列条件：

（一）持有《医疗机构执业许可证》；

（二）具有与开展职业病诊断相适应的医疗卫生技术人员；

（三）具有与开展职业病诊断相适应的仪器、设备；

（四）具有健全的职业病诊断质量管理制度。

承担职业病诊断的医疗卫生机构不得拒绝劳动者进行职业病诊断的要求。

条文主旨

本条是关于承担职业病诊断的医疗卫生机构批准程序、法定条件和不得拒绝诊断的规定。

立法背景

职业病的发病原因与普通疾病有很大的不同。职业病诊断不仅是一种医学诊断，也是一种归因诊断，需要结合分析病人的职业史、职业病危害接触史和工作场所职业病危害因素情况，以及病人的临床表现和辅助检查结果等众多因素；在诊断的性质、诊断的技术方法、诊断结论的效力和诊断为职业病病人后可以享受的待遇等方面都有其特殊性。职业病诊断与一般疾病的诊断有很大的区别，是一项技术性、法律性都很强的工作，必须由具备一定的专业技术条件并能够满足职业病诊断要求的医疗卫生机构承担。同时，由于职业病诊断需要综合分析病人的职业史、职业病危害因素接触情况等，当前一些职业病诊断机构以劳动者无法提供有关的劳动关系证明或者职业病危害因素检测资料为由拒绝受理职业病患者的诊断申请，导致实践中部分职业病患者诊断难、投诉无门的情况较为突出。因此，本条对承担职业病诊断的医疗卫生机构的批准程序、所具备条件和法定义务作了专门规定。

考虑到职业病诊断与一般的疾病诊断相比较有其特殊性，必须由具备职业病诊断资质的医师承担，将能够从事职业病诊断的主体扩大为所有的医疗卫生机构，难以保证职业病诊断的质量，对现行体制的冲击也较大。因此，2011 年《职业病防治法》修改时维持了职业病诊断必须由依法承担职业病诊断工作的医疗卫生机构承担的规定。

条文解读

一、本条第一款规定，医疗卫生机构承担职业病诊断，应当经省、自治区、直辖市人民政府卫生行政部门批准。之所以规定职业病诊断机构须由省级而非设区的市一级或者县一级人民政府卫生行政部门批准，主要是考虑到赋予医疗卫生机构职业病诊断资质直接关系到职业病诊断的水平、质量和职业病患者的权益保障，应当较为慎重，由级别相对较高的卫生行政部门予以认可，有利于保障职业病患者能够得到准确、高质量的诊断服务。此外，规定省、自治区、直辖市人民政府卫生行政部门应当向社会公布本行政区域内承担职业病诊断的医疗卫生机构的名单，也是为了让社会公众尤其是职业病患者知晓哪些医疗卫生机构具有职业病诊断资质，避免职业病患者患病后辗转于其他医疗卫生机构就医，既延误了病情诊断，也因为得不到法定的职业病诊断证明书而难以依法享受国家规定的职业病待遇。

二、本条第二款规定，职业病诊断机构应当具备相应条件，具体包括：

1. 持有《医疗机构执业许可证》。根据国务院医疗机构管理条例的有关规定，医疗机构执业，必须进行登记，领取《医疗机构执业许可证》。任何单位或者个人未取得《医疗机构执业许可证》的，不得开展诊疗活动。因此，取得《医疗机构执业许可证》是所有医疗卫生机构开展疾病诊断、治疗活动必备的条件。职业病诊断首先是一种疾病诊断活动，承担职业病诊断的医疗卫生机构首先应当符合普通医疗卫生机构应当具备的条件，否则，不仅无法从事职业病诊断工作，即便是开展普通疾病的诊断、治疗活动，也是不合法的。

2. 具有与开展职业病诊断相适应的医疗卫生技术人员。职业病诊断要求医疗卫生技术人员具有职业卫生知识，对职业病的成因、发生机理等都有相应的知识、技能和实践，唯有如此，才能科学、准确地判定某一疾病是因从事特定的职业活动引起而非其他致病原因造成。

3. 具有与开展职业病诊断相适应的仪器、设备。由于职业病危害因素、致病原因的复杂性，在职业病诊断过程中，需要对患者接触职业病危害因素的情况以及身体状况进行判断，这除了需要诊断医生的专业知识以外，还需要借助一定的仪器、设备对工作场所职业病危害因素情况以及患者的身体状况进行科学的检查、检验。

4. 具有健全的职业病诊断质量管理制度。职业病诊断质量管理制度是规范医疗卫生机构职业病诊断活动、保障职业病诊断质量的各项制度的总和，包括医疗卫生机构的组织机构、工作程序、人员及岗位职责、质量保证体系、质量管理方针等。医疗卫生机构应当具有健全的职业病诊断质量管理制度方可承担职业病诊断工作。

三、本条第三款规定，承担职业病诊断的医疗卫生机构不得拒绝劳动者进行职业病诊断的要求。职业病患者向承担职业病诊断的医疗卫生机构提出诊断要求后，医疗卫生机构不得以劳动者无法提供诊断所需资料为由拒绝劳动者的诊断申请；职业病诊断过程中，劳动者对用人单位提供的职业病危害因素检测资料的真实性有异议，或者用人单位无法提供职业病危害因素检测资料的，职业病诊断机构应当根据本法第四十八条的规定申请安全生产监督管理部门作出判定或者组织进行现场调查；劳动者的劳动关系、工种、工作岗位、在岗时间等事项不明确或者双方当事人有争议的，职业病诊断机构应当告知劳动者可以依照本法第四十九条的规定申请劳动争议仲裁。在此基础上，职业病诊断机构应当根据仲裁裁决结果，患者的临床表现以及辅助检查结果等依法作出职业病诊断结论。

相关规定

《职业病诊断与鉴定管理办法》第 5 条~第 6 条；《医疗机构管理条例》第 9 条、第 15 条。

第四十四条　劳动者可以在用人单位所在地、本人户籍所在地或者经常居住地依法承担职业病诊断的医疗卫生机构进行职业病诊断。

条文主旨

本条是关于劳动者选择医疗卫生机构进行职业病诊断的规定。

立法背景

职业病诊断应当坚持便民的原则，即有利于患病劳动者方便、及时地得到职业病诊断。本条从方便劳动者、及时诊断职业病、解决矛盾等角度出发，明确赋予了劳动者选择相关医疗卫生机构进行职业病诊断的权利，这有利于维护劳动者的切身利益，也保证了诊断活动的有序进行。2001 年《职业病防治法》第四十条规定了“劳动者可以在用人单位所在地或者本人居住地依法承担职业病诊断的医疗卫生机构进行职业病诊断”。2011 年职业病防治法修改时一些常委会委员提出，“本人居住地”的含义不明确，究竟是指劳动者的户籍所在地还是目前居住的地方不清楚，建议进一步明确。因此，2011 年《职业病防治法》修改将“本人居住地”进一步明确为“本人户籍所在地或者经常居住地”。

条文解读

本条规定的劳动者可以选择的诊断机构主要包括以下两类：

一、用人单位所在地的职业病诊断机构。用人单位所在地，即用人单位的住所地。规定劳动者可以选择用人单位所在地的职业病诊断机构进行职业病诊断，一是考虑到有利于劳动者及时得到诊断，用人单位所在地是劳动者工作的地方，劳动者在工作期间发病的，可以及时由用人单位安排或者自行前往当地的职业病诊断机构申请进行诊断。二是考虑到在有些情况下，职业病诊断过程中，需要了解用人单位工作场所的职业病危害因素情况，由用人单位所在地的职业病诊断机构去用人单位进行调查取证也比较方便。此外，按照本法第四十七条的规定，职业病诊断、鉴定机构需要了解工作场所职业病危害因素情况时，可以对工作场所进行现场调查，也可以申请安监部门组织现场调查。由用人单位所在地的安监部门对用人单位工作场所职业病危害因素情况进行调查，在实践中也比较好操作。

二、劳动者本人户籍所在地或者经常居住地的职业病诊断机构。根据我国民法通则、民事诉讼法以及最高人民法院有关司法解释的规定，劳动者的户籍所在地是指劳动者在户口登记机关登记的住址；经常居住地是指除住院就医外，离开住所地已连续居住一年以上的地方。之所以规定劳动者可以在本人户籍所在地或者经常居住地的职业病诊断机构进行诊断，主要是考虑到当前我国劳动者跨地区甚至跨省份流动就业的情况比较突出，部分患者往往是在离开原用人单位之后才发病的，发病时患者已经回到老家即户籍所在地，或者已经在其他地方的用人单位就业，在其他地方居住，这时候如果要求患病劳动者再回到原用人单位所在地的职业病诊断机构进行职业病诊断，既没有必要，对劳动者而言也很不方便。

相关规定

《中华人民共和国民法通则》第 15 条；《职业病诊断与鉴定管理办法》第 19 条。

第四十五条 **职业病诊断标准和职业病诊断、鉴定办法由国务院卫生行政部门制定。职业病伤残等级的鉴定办法由国务院劳动保障行政部门会同国务院卫生行政部门制定。**

条文主旨

本条是关于制定职业病诊断标准和职业病诊断、鉴定办法，以及职业病伤残等级鉴定办法的授权规定。

立法背景

职业病诊断标准是进行职业病诊断工作的技术根据，对职业病诊断机构依法开展职业病诊断工作具有十分重要的意义。新中国成立以来，卫生部门一直高度重视职业病诊断标准的制定工作。早在1957年，卫生部就开始组织专家制定我国第一个矽肺病诊断标准。此后，随着我国职业病防治工作实践的发展和新的职业病类型的不断增多，与之相适应的各项职业病诊断标准也先后出台。卫生部于1981年成立全国卫生标准委员会，下设职业病诊断标准专业委员会。2001年《职业病防治法》出台以前，我国已经公布了各类职业病诊断标准达80余项。这些标准对生产过程中各种有害因素造成作业工人的健康损害程度，制定了统一的临床判定指标与基准，提高了职业病诊断的科学性，对规范职业病诊断，加强职业病管理，维护劳动者的合法权益发挥了重要作用。2001年《职业病防治法》出台后，卫生部为配合实施，进一步针对各类职业病，先后修订或者新制定诊断标准100余项，其中包括：尘肺病诊断标准、尘肺病理诊断标准、职业性慢性铅中毒诊断标准、职业性中暑诊断标准、职业性听力损伤诊断标准以及职业性高原病诊断标准等，基本上做到了每一种特定的职业病都有相应的诊断标准。这些标准的制定对于保障和推动职业病诊断工作的顺利开展以及确保职业病诊断质量发挥了积极作用。

职业病诊断、鉴定办法是职业病诊断、鉴定工作的规范根据，为职业病诊断、鉴定活动顺利开展提供制度保障。1984 年卫生部公布了职业病诊断管理办法，对我国职业病诊断的机构、职业病诊断的基本原则作出了规定，把职业病诊断工作纳入法制化管理。2001 年《职业病防治法》出台后，卫生部于 2002 年公布了《职业病诊断与鉴定管理办法》，1984 年的《职业病诊断管理办法》失效。该办法对职业病诊断机构应当具备的条件、职业病诊断机构的职责、诊断鉴定的具体程序以及诊断、鉴定工作的监督管理等问题作了明确具体的规定。2011 年《职业病防治法》修改后，2013 年 2 月 19 日卫生部重新修订《职业病诊断与鉴定管理办法》。

职业病是工伤的一种。我国《社会保险法》第三十六条第一款规定，职工因工作原因受到事故伤害或者患职业病，且经工伤认定的，享受工伤保险待遇；其中，经劳动能力鉴定丧失劳动能力的，享受伤残待遇。本法也规定，用人单位必须依法参加工伤保险，职业病病人的诊疗、康复费用，伤残以及丧失劳动能力的职业病病人的社会保障，按照国家有关工伤保险的规定执行。因此，丧失劳动能力的职业病病人享受伤残待遇，应当事先进行职业病伤残等级鉴定。

条文解读

职业病诊断标准和职业病诊断、鉴定办法是技术标准和操作规程，技术性、专业性很强，需要有关部门根据实际情况来制定。本条是授权条款，职业病诊断标准和职业病诊断、鉴定办法授权国务院卫生行政部门制定。考虑到职业病伤残等级鉴定既涉及医学问题，也涉及工伤保险待遇的支付问题，职业病伤残等级的鉴定办法授权国务院劳动保障行政部门会同国务院卫生行政部门制定。值得一提的是，授权规定既是有关行政部门制定标准的法律根据，也是有关行政部门的法定义务，需要及时制定和修改。

相关规定

《中华人民共和国社会保险法》第36条；《工伤保险条例》第四章劳动能力鉴定；《职业病诊断与鉴定管理办法》。

第四十六条　职业病诊断，应当综合分析下列因素：

（一）病人的职业史；

（二）职业病危害接触史和工作场所职业病危害因素情况；

（三）临床表现以及辅助检查结果等。

没有证据否定职业病危害因素与病人临床表现之间的必然联系的，应当诊断为职业病。

承担职业病诊断的医疗卫生机构在进行职业病诊断时，应当组织三名以上取得职业病诊断资格的执业医师集体诊断。

职业病诊断证明书应当由参与诊断的医师共同签署，并经承担职业病诊断的医疗卫生机构审核盖章。

条文主旨

本条是关于职业病诊断应当综合分析的因素以及有关诊断

程序的规定。

立法背景

2001年《职业病防治法》第四十二条第二款规定，没有证据否定职业病危害因素与病人临床表现之间的必然联系的，在排除其他致病因素后，应当诊断为职业病。因此，职业病诊断医师在诊断过程中，需要排除职业病危害因素之外的其他致病因素。法律通过后，一些诊断机构和职业病诊断医师反映，实践中职业病危害因素之外的其他致病因素多种多样，既有劳动者个人的原因，也有其他各种原因。完全排除其他致病因素，在实践中很难做到，也不利于劳动者及时得到职业病诊断。因此，2011年《职业病防治法》修改时删去了原法第四十二条第二款中有关“排除其他致病因素”的要求，规定只要没有证据否定职业病危害因素与病人临床表现之间的必然联系的，应当诊断为职业病。这样既考虑到实践中的突出问题和社会呼声，也符合社会法特点；既有利于职业病诊断机构更好地开展诊断工作，也有利于患者及时得到职业病诊断，切实维护患病劳动者的合法权益。

条文解读

一、根据本条第一款的规定，职业病诊断应当综合分析下列因素：

1. 病人的职业史，即职业病病人从事过的职业及从业期限。职业病的发病与劳动者所从事的特定职业密切相关。以尘肺病为例，只有患者从事有粉尘危害的工作达到一定的期限，才有可能出现尘肺病症状。因此，职业病诊断首先要了解、分析病人的职业史。通过分析病人先前所从事的职业以及期限，有助于职业病诊断医师将那些由于工作以外的原因而导致的疾病排除在职业病的范围之外。

2. 职业病危害接触史和工作场所职业病危害因素情况。职业病危害接触史是指劳动者接触职业病危害的种类以及接触的时间长短。工作场所职业病危害因素情况是指工作场所中存在的各种有害的化学、物理、生物因素以及在作业过程中产生的其他职业有害因素，既包括有害因素的类型，也包括有害因素的强度或者浓度。根据卫生部2002年制定的职业病危害因素分类目录的规定，职业病危害因素分为粉尘、放射性物质、化学物质、物理因素、生物因素等十大类，每一大类又区分具体的种类。从二者的关系看，工作场所职业病危害因素是职业病产生的客观条件，没有职业病危害因素，不可能产生职业病；有职业病危害因素，但是劳动者没有接触史，也不可能产生职业病。因此，职业病诊断时需要综合分析这两种因素。

3. 临床表现以及辅助检查结果等。职业病病人发病时，其在临床上往往表现出一定的症状。各类职业病一般都有对应的临床表现。如尘肺病病人患病后往往出现呼吸困难、咳嗽、咳痰、胸痛甚至咯血等症状。慢性苯中毒病人有头晕、头痛、无力、失眠、多梦、神经衰弱或齿龈、皮肤出血症状，血液变化主要表现为先有白细胞减少，以后出现血小板减少和贫血，重者发生再生障碍性贫血或白血病。高原病表现为高原反应、肺水肿、昏迷等症状。除了临床表现外，医学上的辅助检查结果也是职业病诊断过程中应当综合分析的重要因素。职业病患者在诊断过程中，需要做各种各样的检查，如尘肺病人需要拍胸片，职业性中毒患者需要测定尿液或者血液中的有毒物质等。

二、本条第三款、第四款明确规定了职业病诊断的程序要求，主要包括以下几项内容：

1. 承担职业病诊断的医疗卫生机构在进行职业病诊断时，应当组织三名以上取得职业病诊断资格的执业医师集体诊断，“三名以上”属于法定要求。

2. 职业病诊断证明书应当由参与诊断的医师共同签署，不能只是个别或者部分医师签署。

3. 经承担职业病诊断的医疗卫生机构审核盖章。上述三项内容必须同时满足，该诊断证明书才具有法律效力。设置严谨的职业病诊断程序对于保证诊断质量是十分必要的。

相关规定

《职业病诊断与鉴定管理办法》第20条。

第四十七条　用人单位应当如实提供职业病诊断、鉴定所需的劳动者职业史和职业病危害接触史、工作场所职业病危害因素检测结果等资料；安全生产监督管理部门应当监督检查和督促用人单位提供上述资料；劳动者和有关机构也应当提供与职业病诊断、鉴定有关的资料。

职业病诊断、鉴定机构需要了解工作场所职业病危害因素情况时，可以对工作场所进行现场调查，也可以向安全生产监督管理部门提出，安全生产监督管理部门应当在十日内组织现场调查。用人单位不得拒绝、阻挠。

条文主旨

本条是关于用人单位、劳动者和有关机构应当提供职业病诊断、鉴定所需资料，以及职业病诊断、鉴定机构进行现场调查的规定。

立法背景

职业病诊断难是当前我国职业病防治工作中面临的突出问题之一，也是2011年《职业病防治法》修改重点要解决的问题之一。诊断难，主要难在劳动者无法提供职业病诊断所需的资料。由于职业病诊断是一种归因诊断，因此，职业病诊断、鉴定过程中，不仅需要病人的临床表现和辅助检查结果，还需要通过调查分析病人的职业史、职业病危害接触史以及工作场所职业病危害因素情况确定承担责任的主体。职业病诊断、鉴定工作的这一属性，决定了职业病诊断、鉴定过程中需要当事人各方提供各方面的材料，这些材料既包括病人的职业史、职业病危害接触史，也包括用人单位工作场所职业病危害因素情况等。增加规定用人单位提供职业病诊断所需资料的义务，同时增加规定安全生产监督管理部门的监督检查和督促用人单位提供资料的职责。

条文解读

一、本条第一款对用人单位、劳动者以及有关机构在职业病诊断、鉴定过程中应当提供的材料作了规定，并规定了安全生产监督管理部门监督检查和督促用人单位提供资料的职责。

1. 用人单位应当如实提供职业病诊断、鉴定所需的劳动者职业史和职业病危害接触史、工作场所职业病危害因素检测结果等资料。目前，根据劳动合同法等有关法律的规定，用人单位与劳动者建立劳动关系的，应当订立书面劳动合同。用人单位应当建立职工名册备查。同时，按照本法第二十六条的规定，用人单位应当定期对工作场所进行职业病危害因素检测、评价，检测、评价结果存入用人单位职业卫生档案，定期向所在地安全生产监督管理部门报告并向劳动者公布。根据上述规定，依法规范经营的用人单位应当掌握并能够提供职业病诊断、鉴定所需的劳动者职业史和职业病危害接触史、工作场所职业病危害因素检测结果等资料。

2. 安全生产监督管理部门应当监督检查和督促用人单位提供有关资料。职业卫生监管职能调整后，安监部门在职业病防治工作中的监管职能进一步强化，中央有关部门关于职业卫生监管部门职责分工的通知明确将监督检查和督促用人单位提供劳动者健康损害与职业史、职业病危害接触关系等相关证明材料的职责赋予安全生产监督管理总局，本条中这一规定进一步明确了安监部门的这一职责。

3. 劳动者和有关机构也应当提供与职业病诊断、鉴定有关的资料。劳动者应当提供的资料包括劳动者掌握的劳动关系证明以及其他有关材料，如劳动者保存的劳动合同、在用人单位领取工资的证明等。有关机构应当提供的材料包括安监部门掌握的工作场所职业病危害因素检测、评价资料，以及劳动保障行政部门掌握的用人单位的用工情况等。需要说明的是，职业病诊断、鉴定机构不能够因为劳动者无法提供上述有关资料而拒绝受理职业病诊断、鉴定申请。在诊断、鉴定机构受理申请后，劳动者的劳动关系无法确认的，或者劳动者与用人单位之间对劳动者所从事的工种、工作岗位、工作时间等事项有争议的，诊断机构应当告知劳动者可以依照本法第四十九条的规定通过劳动仲裁或者诉讼确认劳动关系。

二、根据本条第二款的规定，职业病诊断、鉴定机构需要了解工作场所职业病危害因素情况时，可以对工作场所进行现场调查。之所以赋予职业病诊断、鉴定机构这一项权力，主要是考虑到在职业病诊断、鉴定过程中，工作场所职业病危害情况对作出职业病诊断、鉴定结论具有重要的参考价值，赋予职业病诊断、鉴定机构此项权力，有利于其在现场调查的基础上更加方便、快捷地作出诊断、鉴定结论。同时，考虑到承担职业病诊断、鉴定的医疗卫生机构不是行政机关，实践中要求对用人单位的工作场所进行现场调查时，不易取得用人单位的配合。因此，本条进一步规定职业病诊断、鉴定机构也可以申请安全生产监督管理部门组织现场调查。安监部门应当在十日内组织现场调查。

相关规定

《职业病诊断与鉴定管理办法》第 21 条。

第四十八条　职业病诊断、鉴定过程中，用人单位不提供工作场所职业病危害因素检测结果等资料的，诊断、鉴定机构应当结合劳动者的临床表现、辅助检查结果和劳动者的职业史、职业病危害接触史，并参考劳动者的自述、安全生产监督管理部门提供的日常监督检查信息等，作出职业病诊断、鉴定结论。

劳动者对用人单位提供的工作场所职业病危害因素检测结果等资料有异议，或者因劳动者的用人单位解散、

破产，无用人单位提供上述资料的，诊断、鉴定机构应当提请安全生产监督管理部门进行调查，安全生产监督管理部门应当自接到申请之日起三十日内对存在异议的资料或者工作场所职业病危害因素情况作出判定；有关部门应当配合。

条文主旨

本条是关于用人单位不提供工作场所职业病危害因素检测结果等资料、劳动者对用人单位提供的资料有异议，以及无用人单位提供资料时如何作出诊断、鉴定的规定。

立法背景

本条规定是2011年《职业病防治法》修改后新增加的条款。在当前的职业病诊断鉴定实践中，劳动者往往由于无法提供有关工作场所职业病危害因素检测结果等资料而无法进入诊断程序。也有一些劳动者对用人单位提供的工作场所职业病危害因素检测结果等资料有异议，或者因劳动者的用人单位解散、破产，无用人单位提供上述资料。这时就需要一定的机制来解决这一问题，2011年修改后的《职业病防治法》增加了安监部门进行调查以及对争议资料进行判定的职责。

条文解读

一、定期对工作场所进行职业病危害因素检测、评价是用人单位的一项法定义务。根据本法第二十六条第二款的规定，用人单位应当按照国务院安全生产监督管理部门的规定，定期对工作场所进行职业病危害因素检测、评价。检测、评价结果存入用人单位职业卫生档案，定期向所在地安全生产监督管理部门报告并向劳动者公布。但是在实践中，由于用人单位守法意识不强、一些地方执法不到位等多方面的原因，一些用人单位未进行职业病危害因素检测、评价工作，因而也就根本无法提供上述材料；也有一些用人单位为了逃避责任，即使已经开展了职业病危害因素检测、评价工作，但考虑到检测、评价资料对自身不利，故意不提供上述资料。在这些情况下，有必要建立一定的倾向于劳动者的机制，依法保障患病劳动者能够及时得到职业病诊断和治疗。因此本条规定，用人单位不提供工作场所职业病危害因素检测结果等资料的，诊断、鉴定机构应当结合劳动者的临床表现、辅助检查结果和劳动者的职业史等资料，并参考劳动者的自述，作出职业病诊断、鉴定结论。这样的制度设计，既能够切实保障劳动者的合法权益，也有利于形成倒逼机制，促使用人单位依法开展职业病危害因素检测、评价工作。

二、本条第二款就劳动者对工作场所职业病危害因素检测、评价资料有异议，以及无用人单位提供相关资料时如何作出诊断、鉴定作了规定。实践中，一些用人单位在诊断、鉴定过程中，为了引导诊断、鉴定机构作出对自己有利的结论，往往提供不真实的资料，例如某煤矿生产企业提供的煤矿粉尘浓度低于实际数值，某化工企业提供的化学品毒性鉴定结论低于实际数值。在这种情况下，有必要由安全生产监督管理部门对上述资料的真实性作出判定，为职业病诊断、鉴定机构依法作出诊断、鉴定结论提供科学根据。此外，由于一些职业病如尘肺病等具有潜伏期长、发病期晚等特点，一些劳动者往往在离开原用人单位多年后才发病，甚至发病时原用人单位已经破产、关闭。在这种情况下，已经没有用人单位能够提供诊断、鉴定所需的检测、评价资料。为使得诊断、鉴定程序能够继续进行，有必要由安监部门进行调查，原用人单位的工作场所已经不存在的，安监部门也可以通过查阅有关历史资料，或者对该地区同类企业工作场所的调查，进行对比，从而确定劳动者曾经工作的用人单位工作场所的职业病危害因素情况。此外，根据这一款的规定，提请安监部门进行调查的主体是职业病诊断、鉴定机构；职业病诊断、鉴定机构提出申请后，安监部门进行调查的期限为三十日。

第四十九条　**职业病诊断、鉴定过程中，在确认劳动者职业史、职业病危害接触史时，当事人对劳动关系、工种、工作岗位或者在岗时间有争议的，可以向当地的劳动人事争议仲裁委员会申请仲裁；接到申请的劳动人事争议仲裁委员会应当受理，并在三十日内作出裁决。**

当事人在仲裁过程中对自己提出的主张，有责任提供证据。劳动者无法提供由用人单位掌握管理的与仲裁主张有关的证据的，仲裁庭应当要求用人单位在指定期限内提供；用人单位在指定期限内不提供的，应当承担不利后果。

劳动者对仲裁裁决不服的，可以依法向人民法院提起诉讼。

用人单位对仲裁裁决不服的，可以在职业病诊断、鉴定程序结束之日起十五日内依法向人民法院提起诉讼；诉讼期间，劳动者的治疗费用按照职业病待遇规定的途径支付。

条文主旨

本条是关于职业病诊断、鉴定过程中当事人对劳动关系、工种、工作岗位或者在岗时间有争议如何处理的规定。

立法背景

改革开放以来，我国的所有制结构和劳动用工制度发生了深刻的变化，多种所有制经济得到共同发展。社会中的大量中小、私营企业逐渐成为吸纳农民工的主体。与大型国有企业相比，目前部分中小、私营企业用工不规范的现象较为突出，一些既不签订书面劳动合同，也不参加工伤保险。同时，由于一些中小、私营生产型企业职业病防护投入不足，防护设施落后，往往又是职业病事故的高发地带。这些企业一旦发生职业病危害事故，劳动者的合法权益更容易受到侵害。由于用人单位与劳动者不签订劳动合同，劳动者往往很难直接证明其与用人单位之间建立了劳动关系。如果无法证明劳动关系，按照现行的制度设计，劳动者便无法获得职业病诊断。这是当前职业病诊断、鉴定中面临的一个突出难题。为进一步解决这一难题，2011 年修改后的《职业病防治法》在参考我国《劳动争议调解仲裁法》有关规定的基础上，引入了劳动争议仲裁程序，并作了一些变通规定，以适应职业病诊断、鉴定工作的实际需要。

条文解读

一、我国《劳动争议调解仲裁法》第二条规定，因确认劳动关系发生的争议、因工作时间、休息休假、社会保险、福利、培训以及劳动保护发生的争议等，可以依法申请调解或者仲裁。考虑到职业病诊断、鉴定工作的实际需要，本条第一款规定，职业病诊断、鉴定过程中，在确认劳动者职业史、职业病危害接触史时，当事人对劳动关系、工种、工作岗位或者在岗时间有争议的，可以向当地的劳动人事争议仲裁委员会申请仲裁。与劳动争议调解仲裁法的规定相比，这一规定进一步将劳动关系具体化为工种、工作岗位，主要原因是：这些内容与职业病诊断、鉴定工作密切相关，只有通过仲裁确定具体的工种、工作岗位和在岗时间，劳动者在工作过程中的职业病危害接触史才能更加准确地确定下来。同时，这一款规定，劳动者提出申请后，接到申请的劳动人事争议仲裁委员会应当受理，并在三十日内作出裁决。这一规定中的“三十日”期限较《劳动争议调解仲裁法》第四十三条规定的“四十五日”期限要短，主要也是为了方便劳动者能够及时通过劳动仲裁确认劳动关系、工种、工作岗位和在岗时间等事项，从而更加快捷地得到诊断和鉴定。

二、本条第二款的规定参考了《劳动争议调解仲裁法》第三十九条第二款的有关规定。首先，根据“谁主张、谁举证”的原则，劳动者和用人单位在仲裁过程中对自己提出的主张，有责任提供证据。其次，考虑到目前一些用人单位与劳动者签订劳动合同后，不按劳动合同法有关劳动合同文本由用人单位和劳动者各执一份的规定，扣押本应由劳动者一方持有的合同文本，一些劳动者往往也缺乏保存劳动关系证明的权利意识，在劳动争议发生后，用人单位往往拒不提供其管理的对劳动者有利的关键证据，导致劳动者举证不能，无法切实维护其合法权益。针对这种情况，本条规定，劳动者无法提供由用人单位掌握、管理的与仲裁主张有关的证据的，仲裁庭应当要求用人单位在指定期限内提供，用人单位在指定期限内不提供的，应当承担不利后果。

三、本条第三款、第四款对劳动者与用人单位不服仲裁裁决的救济途径作了区别规定，主要是考虑到在职业病诊断、鉴定过程中，职业病病人处于弱势地位，需要给予有别于一般劳动仲裁程序的特殊程序，以保障其能够及时得到诊断并享受相关的职业病待遇。对劳动者而言，其对仲裁裁决不服的，可以依照劳动争议调解仲裁法的规定向人民法院提起诉讼，这一规定与劳动争议调解仲裁法的一般规定是一致的；对用人单位而言，只能在诊断、鉴定程序结束之日起十五日内提起诉讼，与《劳动争议调解仲裁法》第五十条的规定比较，这一规定对用人单位的诉讼权利作了一定限制。作这样的限制，有利于职业病患者更快地得到诊断并享受相应的职业病待遇，避免因诉讼程序久拖不决而影响劳动者及时得到诊断。同时，本条还规定，在用人单位向人民法院提起诉讼期间，劳动者的治疗费用按照职业病待遇规定的途径支付。这一规定对于患病劳动者得到及时治疗，也是非常有利的，能够切实保障患者权利，避免出现因诉讼程序耗时过长而延误病人的治疗。

相关规定

《中华人民共和国劳动争议调解仲裁法》第2条、第43条、第50条。

第五十条　用人单位和医疗卫生机构发现职业病病人或者疑似职业病病人时，应当及时向所在地卫生行政部门和安全生产监督管理部门报告。确诊为职业病的，用人单位还应当向所在地劳动保障行政部门报告。接到

报告的部门应当依法作出处理。

条文主旨

本条是关于用人单位、医疗卫生机构的职业病报告义务以及接到报告部门的职责的规定。

立法背景

认真做好职业病和疑似职业病的报告工作，对于准确掌握职业病发病动态、摸清职业病底数、有针对性地制定防治措施和保障职业病患者权益有重要意义。用人单位和医疗卫生机构直接和患病劳动者接触，对职业病病人和疑似职业病病人的动态情况掌握得最为清楚，明确规定用人单位和医疗卫生机构的报告义务，可以保证职业卫生监督管理部门能及时从一线单位收集信息，以便及时开展职业卫生监管工作，同时也能保证职业病人和疑似职业病病人能获得及时救治。

条文解读

一、职业病报告的义务主体

本条规定，职业病报告的义务主体是用人单位和医疗卫生机构。其中，医疗卫生机构除专门承担职业病诊断治疗的医疗卫生机构外，还包括接诊急性职业病的综合医疗卫生机构。用人单位和医疗卫生机构的义务需要有具体的人员来履行，所以，规定用人单位和医疗卫生机构的报告义务，同时也意味着这些单位的负责人员也有职业病报告的义务。用人单位和医疗卫生机构一旦发现职业病病人或者疑似职业病病人，就应当按照国家有关职业病报告的规定进行报告；履行报告义务不受职业病患者工作状态、接受治疗过程和进行诊断的程序的限制，有报告义务的单位和个人不得以劳动者尚未完成指定工作、正在接受相关的健康检查或正在进行诊断等理由而不向职业卫生监督管理部门履行报告义务。

二、接受职业病报告的机关

本条确定了职业病报告的地域管辖原则，明确用人单位和医疗卫生机构所在地的卫生行政部门、安全生产监督管理部门和劳动保障行政部门作为接受报告的部门，主要是体现就近处理的原则，保证这些部门能够及时、高效地依照职责作出相应处理。对于用人单位在异地设立的分支机构发现职业病病人和疑似职业病病人的，也要根据就近报告的原则，按照上述规定向分支机构所在地的有关部门报告，保证对职业病病人和疑似职业病病人的及时救治。

接受职业病报告的机关根据职业病患者的情况不同，而有所区分：首先，用人单位和医疗卫生机构发现职业病病人或者疑似职业病病人时，应当及时向所在地卫生行政部门和安全生产监督管理部门报告，不得推迟和延误。2011 年职业病防治法修正后，增加了安全生产监督管理部门作为接受职业病报告的机关，主要是考虑到国家对职业卫生监督管理体制调整和明确后，安全生产监督管理部门在职业病防治和诊断中承担了重要的职责，需要及时掌握职业病的发病情况；安全生产监督管理部门应当通过接受职业病报告，及时介入有关职业病防治的相关工作，以便更好地履行职责。其次，一旦劳动者被确诊为职业病后，用人单位和医疗卫生机构在向所在地卫生行政部门和安全生产监督管理部门报告的基础上，还应当向所在地劳动保障行政部门报告，这主要是为以后对职业病病人进行劳动能力鉴定、开展工伤保险待遇的支付等工作提供信息，保证后期工作顺利开展和职业病病人及时维权。

三、职业病报告的时限和方式

为防止用人单位和医疗卫生机构及其有关人员拖延报告的时间，造成对职业病病人和疑似职业病病人的治疗延误，以及对他们其他合法权益的损害，本法规定义务单位要及时报告。至于报告的时限和方式，按照国务院有关部门的具体规定执行。各地在国家层面职业病报告制度的基础上，也对本地区的职业病报告工作进行了具体的规定，且普遍比较严格。根据职业病报告的规定，急性职业病由最初接诊的任何医疗卫生机构填写书面报告卡，在规定时限内向患者单位所在地的有关部门报告；凡有死亡或同时发生多名急性职业中毒以及发生职业性炭疽时，接诊的医疗卫生机构应立即电话报告有关部门并及时发出书面的报告卡；用人单位也应当按照规定的时限和程序进行报告。对于非急性职业病，用人单位和医疗卫生机构发现后，均应及时向卫生行政部门和安全生产监督管理部门报告，如发现尘肺病、慢性职业中毒和其他慢性职业病以及尘肺病死亡患者也应在规定的时限内报告。

四、接受职业病报告的部门的职责

为及时救治职业病患者和开展职业病诊断等工作，本条同时也规定了卫生行政部门、安全生产监督管理部门和劳动保障行政部门接到报告后，应依法作出处理的法定职责。卫生行政部门和安全生产监督管理部门处理的具体方式主要包括：一是根据本法监督检查的有关规定，责令停止违法行为，并可采取临时控制措施和其他措施对用人单位进行处罚。二是组织进行现场调查和职业卫生检测、评价等工作，收集职业病现场劳动卫生学调查资料，主要是为确定工作场所职业病危害因素与劳动者患病之间的因果关系。三是根据现场调查，针对接触职业病危害因素人员进行应急健康体检和必要的住院观察，以确保职业病患者能得到及时治疗。四是对违反职业病报告规定和诊断鉴定管理规定的行为进行处罚。劳动保障行政部门在接到职业病病人报告后，应根据本法和《工伤保险条例》的规定，采取相应的调查核实和处理措施，保障职业病病人能及时、顺利地获得相应的待遇；在处理过程中发现用人单位存在其他违反劳动法、劳动合同法行为的，根据劳动监察的有关规定进行处罚；并对掌握的用人单位与其他劳动者之间劳动关系的证明材料及时收集和保存，以便该用人单位以后发现的职业病病人能顺利主张权利。

相关规定

《中华人民共和国职业病防治法》第 63 条、第 64 条、第 72 条。

第五十一条　县级以上地方人民政府卫生行政部门负责本行政区域内的职业病统计报告的管理工作，并按照规定上报。

条文主旨

本条是关于职业病统计报告管理的规定。

立法背景

职业病统计报告是职业病防治监督管理的重要内容，是进行职业病防治执法成本效益分析、了解和掌握职业病现状和发展趋势以及职业病危害的预防控制状态的主要手段和渠道，是各级人民政府进行职业卫生监督管理的重要决策根据之一。我国职业病统计报告始于1956年，曾一度中断，并于1977年后重新恢复。原卫生部自1989年起对职业病报告制度进行多次修订，2005年下发了进一步加强职业病报告的通知，目前基本形成了可覆盖全国的职业病报告网络体系，积累了大量的第一手资料，同时为各级人民政府制定职业病防治规划提供了重要的信息和根据。

条文解读

一、职业病统计报告

本条从法律上确立了职业病统计报告的管理制度。主要包括两个方面的含义：一是职业病统计报告作为国家统计工作的一部分，有报告义务的用人单位和医疗卫生机构都应当积极配合，任何单位和个人不得以任何借口干扰职业病报告管理工作人员依法履行统计报告职责。二是县级以上地方人民政府卫生行政部门要依法履行职责，做好本行政区域内的职业病统计报告的管理工作，并按照国家规定上报有关部门。也就是说，职业病统计报告实行归口管理，由县级以上地方人民政府卫生行政部门负责，通过统一的渠道对职业病的有关统计数据进行汇总和管理，以保证数据的准确采集和及时统计。

二、职业病统计报告的具体内容

职业病报告实行以地方为主逐级上报的办法，不论是隶属国务院各部门的中央企业，还是地方的企、事业单位发生的职业病，一律由用人单位所在地区的卫生监督机构统一汇总上报。按照我国职业病报告的有关规定，各级卫生行政部门负责本行政区域内的职业病报告统计管理工作，并指定同级的职业病防治机构或疾病预防控制机构具体承办常规职业病报告统计工作。

各级卫生行政部门对职业病报告统计工作要明确职责，加强日常监督，并提供开展工作所必需的经费和设备。有职业病防治机构的地区，职业病诊断机构将诊断的职业病向职业病防治机构报告；没有职业病防治机构的地区，职业病诊断机构将诊断的职业病向疾病预防控制机构报告。职业病防治机构或疾病预防控制机构汇总后报送同级卫生行政部门，并同时报上一级职业病防治机构或疾病预防控制机构；省级职业病防治机构或疾病预防控制机构在汇总报送省级卫生行政部门的同时报中国疾病预防控制中心。

中国疾病预防控制中心负责制定全国职业病报告统计工作实施方案，负责对全国职业病报告统计工作进行业务指导、技术培训、质量控制和督导，负责职业病报告汇总、分析。各级卫生监督机构要加强对职业病诊断机构和职业健康监护机构职业病报告工作的监督检查，对违法行为要依法予以查处。各级卫生行政部门要对职业病防治机构、疾病预防控制机构和卫生监督机构的工作进行有效协调，建立信息资源共享制度，定期交换职业病防治有关方面的信息，为政府职业病防治决策服务。此外，关于职业病危害事故的报告，按照《突发公共卫生事件应急条例》、《放射事故管理规定》和《突发公共卫生事件与传染病疫情监测信息报告管理办法》等有关规定进行报告。

相关规定

《中华人民共和国职业病防治法》第 82 条；卫生部《关于进一步加强职业病报告工作的通知》。

第五十二条　当事人对职业病诊断有异议的，可以向作出诊断的医疗卫生机构所在地地方人民政府卫生行

政部门申请鉴定。

职业病诊断争议由设区的市级以上地方人民政府卫生行政部门根据当事人的申请，组织职业病诊断鉴定委员会进行鉴定。

当事人对设区的市级职业病诊断鉴定委员会的鉴定结论不服的，可以向省、自治区、直辖市人民政府卫生行政部门申请再鉴定。

条文主旨

本条是关于职业病诊断鉴定和再鉴定的规定。

立法背景

职业病诊断结论事关当事人切身利益。在职业病的诊断过程中，由于诊断技术和参与诊断医疗人员的判断有可能存在误差，因而得出的诊断结论不可能做到百分之百的正确。在此情况下，需要对职业病的诊断设置救济的途径，所以，为了有效地维护当事人的合法权益，本条规定了对职业病诊断的鉴定和再鉴定程序，为当事人对职业病诊断的异议提供了主张权利的渠道，对于维护职业病诊断的严肃性、公正性起到了积极的作用。

条文解读

一、职业病诊断鉴定

本条第一款规定当事人对职业病诊断有异议的，依法享有申请鉴定的权利。所谓异议是指当事人对职业病诊断存在不同看法，包括对职业病诊断的程序、结论等问题的不同看法。提出异议的当事人既可以是劳动者一方，也可以是用人单位一方。接受当事人鉴定申请的部门是作出诊断的医疗卫生机构所在地的地方人民政府卫生行政部门，也就是说对于职业病的诊断鉴定实行地域管辖。之所以规定职业病诊断鉴定的地域管辖原则，主要是便于当事人就近主张权利，降低权利救济的成本；同时，也便于卫生行政部门通过职业病诊断鉴定的组织工作，对辖区内医疗卫生机构开展职业病诊断活动的情况进行监督和管理。

二、职业病诊断鉴定的申请

根据有关部门的规定，当事人申请职业病诊断鉴定，应当在接到职业病诊断证明书之日起三十日内提出，并提交职业病诊断鉴定申请书、职业病诊断证明书和申请诊断时应当提供的职业史、职业健康检查结果等材料。其中鉴定申请书的内容包括对职业病诊断异议的书面陈述和申辩理由。接受申请的职业病诊断鉴定办事机构应当自收到申请资料之日起十日内完成材料审核，对材料齐全的发给受理通知书，材料不齐全的要一次性通知当事人补充，保证职业病诊断鉴定程序的及时启动。

三、职业病诊断鉴定的组织

本条第二款规定了组织职业病诊断争议鉴定的部门是设区的市级以上地方人民政府卫生行政部门，其职责是根据当事人的申请，组织职业病诊断鉴定委员会进行鉴定。职业病诊断鉴定属于技术鉴定，由设区的市级以上地方人民政府卫生行政部门组织鉴定委员会，有利于集中相关专业的专家，保障鉴定工作的质量。为保证职业病诊断鉴定工作的顺利开展，卫生行政部门可以委托职业病诊断鉴定办事机构承担具体的日常工作，除接受当事人申请外，还承担组织当事人或者接受当事人委托抽取专家、管理鉴定档案、承办与鉴定有关的事务性工作和卫生行政部门委托的有关鉴定的其他工作。职业病诊断鉴定办事机构应当在受理鉴定之日起六十日内组织鉴定。

四、职业病诊断的再鉴定

本条第三款规定了职业病诊断的再鉴定制度。我国职业病诊断鉴定实行两级鉴定制度，即对有异议的职业病诊断，根据当事人的申请，可进行两级鉴定，包括设区的市级职业病诊断鉴定委员会鉴定和省级职业病诊断鉴定委员会鉴定。设区的市级卫生行政部门组织的职业病诊断鉴定委员会负责职业病诊断争议的首次鉴定。当事人对设区的市级职业病诊断鉴定委员会作出的首次鉴定不服的，可以在接到职业病诊断鉴定书之日起十五日内，向原鉴定机构所在地的省、自治区、直辖市人民政府卫生行政部门申请再鉴定。省级职业病诊断鉴定委员会的鉴定为最终鉴定。规定当事人可以对职业病诊断鉴定申请再鉴定，目的是通过程序设计进一步为当事人提供权利救济的机会，保障职业病诊断鉴定工作的科学合理，充分保护当事人的合法权益。同时，规定再鉴定为最终鉴定，也是为了防止程序无限拖延，既影响了职业病诊断鉴定结论的稳定性，又造成资源浪费。

五、对职业病诊断、鉴定工作的指导

国家设立职业病诊断与鉴定技术指导委员会，加强对职业病诊断与鉴定工作的技术指导，主要负责对职业病、职业性放射性疾病诊断与鉴定相关政策、法规、标准的制定和执行情况进行调研，分析我国职业病、职业性放射性疾病诊断与鉴定的工作动态，向国务院卫生行政部门提出相关政策建议；承担全国职业病、职业性放射性疾病诊断与鉴定工作的技术指导和咨询服务；参与国务院卫生行政部门有关职业病、职业性放射性疾病诊断与鉴定工作相关的法规、标准和规范性文件的起草和宣传贯彻工作。技术指导委员会不开展对职业病的诊断鉴定工作，但是可以组织对各职业病诊断机构和各级职业病诊断鉴定委员会开展职业病诊断与鉴定工作情况进行抽查和调研，并将调研报告、意见、建议报国务院卫生行政部门。在执行技术抽查和调研任务时，如发现被检查单位在执行职业病诊断、鉴定管理制度、执行职业病诊断标准方面存在问题时，应报告当地卫生行政部门并提出建议。

相关规定

《职业病诊断与鉴定管理办法》第36条。

第五十三条　职业病诊断鉴定委员会由相关专业的专家组成。

省、自治区、直辖市人民政府卫生行政部门应当设立相关的专家库，需要对职业病争议作出诊断鉴定时，由当事人或者当事人委托有关卫生行政部门从专家库中以随机抽取的方式确定参加诊断鉴定委员会的专家。

职业病诊断鉴定委员会应当按照国务院卫生行政部门颁布的职业病诊断标准和职业病诊断、鉴定办法进行职业病诊断鉴定，向当事人出具职业病诊断鉴定书。职业病诊断、鉴定费用由用人单位承担。

条文主旨

本条是关于职业病诊断鉴定委员会人员组成、专家确定方式、鉴定根据和诊断、鉴定费用的规定。

立法背景

相对于职业病诊断而言，职业病诊断鉴定是一种更高水平的技术判定活动，肩负着对职业病诊断活动的复查和纠错功能，因此，对参与职业病诊断鉴定的人员有更高的要求，对相关的程序也有更为严格的规定。以组建委员会的方式来集中参与职业病诊断鉴定的专家，并以随机抽取的方式确定具体的专家人选，既可以保证参与职业病诊断的人员构成的合理性，也能够最大限度地实现程序公正。同时，对职业病诊断鉴定的技术规范和行为规范予以明确，也最大限度地保证了职业病诊断鉴定结论的科学性和公正性。

条文解读

一、职业病诊断鉴定专家库的设立

现有职业病目录包括10大类132种，职业病危害因素广泛分布在冶金、煤炭、建筑、建材、化工、医药、家具制造、轻工、纺织等40多个行业，涉及的领域广、种类多，职业病诊断鉴定要根据其类别确定相关方面的专家来进行。

本条第一款规定了职业病诊断鉴定委员会由相关专业的专家组成，负责职业病诊断鉴定工作。第二款对专家库的设立作出明确规定，组成职业病诊断鉴定委员会的专家库设在省级人民政府卫生行政部门，能够最大限度地吸收各领域的专家，便于集中和筛选。进入专家库的专家应当是全行业公认的，在专业知识、实践经验和职业道德等方面优秀的专家。专家库应当以取得各类职业病诊断资格的医师为主要成员，吸收临床相关学科、职业卫生、放射卫生等相关专业的专家组成。一般情况下，专家库包括职业中毒、尘肺病、物理因素、职业性放射病、职业卫生管理人员等门类。有条件的地方还可以设立职业性眼、耳、鼻、喉、口腔及皮肤疾病、职业病病理诊断专家库等。根据诊断鉴定的需要，鉴定委员会还可以吸收相关学科如呼吸、血液、神经等方面专家。

二、职业病诊断鉴定专家库专家的条件

受聘进入专家库的专家应同时具备以下条件：一是具有良好的业务素质和职业道德，职业病诊断鉴定的过程既有科学技术上的认定，也有因果关系、责任确定等判断，需要专家在业务和道德方面都具有良好的素质。二是具有相关专业的高级卫生技术职务任职资格。三是熟悉职业病防治法律规范和职业病诊断标准。职业病诊断鉴定是针对已经作出的职业病诊断进行的鉴定，与职业病诊断一样，除了需要从医学的角度进行判断外，还要对劳动者职业与疾病之间的因果关系作出判定，在判定过程中有严格的标准和程序，所以专家库的专家应当熟悉有关法律和标准。四是身体健康，能够胜任职业病诊断鉴定工作。

三、职业病诊断鉴定委员会的专家确定

根据本条第二款规定，确定职业病诊断鉴定委员会的专家应遵循以下程序：一是参与的方式由当事人决定。当事人或者当事人委托的职业病鉴定办事机构可以从专家库中按照专业类别随机抽取，任何机构和个人不得对当事人是否委托卫生行政部门进行干涉，更不得强行指定鉴定委员会的组成人员，这样可以最大限度地保证当事人在选择抽取方式时的意思自由。二是采取随机抽取的方式。一般情况下，专家库中符合相应专业条件的专家有多名，当事人自行随机抽取或者委托卫生行政部门随机抽取专家时有较为宽泛的空间，可以有效防止专家库人员不足导致的选择局限，从而最大限度地保证鉴定结论客观、公正。职业病诊断鉴定委员会组成人数为五人以上单数，鉴定委员会设主任委员一名，由鉴定委员会推举产生。经当事人同意，职业病鉴定办事机构根据鉴定工作的需要，可以聘请本地区以外的相关专业专家作为专家组成员，并有表决权。

四、职业病诊断鉴定的程序和根据

职业病诊断鉴定委员会在鉴定过程中，应当认真审查当事人提供的材料和原诊断机构的诊断资料，可以听取当事人的陈述和申辩，对被鉴定人进行医学检查和对其工作场所进行现场调查取证，向用人单位索取与鉴定有关的资料。根据鉴定的需要，职业病诊断鉴定委员会还可以邀请其他专家参加职业病诊断鉴定。邀请的专家可以提出技术意见、提供有关资料，但不参与鉴定结论的表决。在事实清楚的基础上，鉴定委员会进行综合分析，作出鉴定结论，鉴定结论以鉴定委员会成员的过半数通过，并作出职业病诊断鉴定书。职业病诊断鉴定的过程要如实记录并由办事机构随鉴定书存档保存。

本条第三款规定了职业病诊断鉴定委员会进行鉴定的根据：一是国务院卫生行政部门颁布的职业病诊断标准，从医学和归因认定等方面为职业病诊断鉴定活动提供技术根据；二是国务院卫生行政部门颁布的职业病诊断、鉴定办法，这是职业病诊断鉴定活动的行为规范。职业病诊断鉴定委员会应当认真审阅有关资料，依照上述标准和规范，运用科学原理和专业知识，独立进行鉴定。

五、职业病诊断、鉴定费用的承担

本条第三款还规定职业病诊断、鉴定费用由用人单位承担，主要是考虑到遭受职业病危害的劳动者处于弱势，他们申请职业病诊断、鉴定的目的是为了获得相关的治疗待遇和经济补偿，如果规定他们要承担诊断、鉴定的费用，与职业病防治法保护劳动者权利的立法宗旨不符。职业病诊断、鉴定的费用一般包括必要的诊断、鉴定取证费、资料费用以及必需的交通费等。这些费用发生在诊断、鉴定过程中，有的可以直接要求用人单位承担，有的在劳动者支付后，可以凭支付证明要求用人单位予以报销。

相关规定

《职业病诊断与鉴定管理办法》第 39 条~第 42 条、第 61 条。

第五十四条　职业病诊断鉴定委员会组成人员应当遵守职业道德，客观、公正地进行诊断鉴定，并承担相应的责任。职业病诊断鉴定委员会组成人员不得私下接触当事人，不得收受当事人的财物或者其他好处，与当事人有利害关系的，应当回避。

人民法院受理有关案件需要进行职业病鉴定时，应当从省、自治区、直辖市人民政府卫生行政部门依法设立的相关的专家库中选取参加鉴定的专家。

条文主旨

本条是关于职业病诊断鉴定委员会组成人员履行职责时应当遵守的基本准则和人民法院选取参加鉴定的专家的规定。

立法背景

职业病诊断鉴定与职业病诊断的共同之处在于，不仅是对患病者进行医学上的认定，比如认定为肺组织纤维化等，还包括对患病劳动者和用人单位之间劳动关系的认定，以及用人单位工作场所危害因素情况与劳动者患病之间因果关系的判定。对劳动关系和患病因果关系的认定直接涉及用人单位和劳动者之间的权利义务，有“准司法”的性质，因此，对参与职业病诊断鉴定的专家除要求有较高的医学技术能力外，还应当有职业道德和工作纪律方面的高要求，例如参考诉讼程序实行回避制度等。此外，考虑到人民法院在诉讼中可能涉及职业病鉴定问题，为保证鉴定结论能够符合相关的证据规范的要求，也需要将参与此类职业病鉴定的专家确定的情况予以明确。

条文解读

一、对鉴定人员遵守职业道德及客观、公正履行鉴定职责的理解

职业病诊断鉴定委员会组成人员应当遵守职业道德。所谓"职业道德"，是指人们在职业活动中应当遵循的基本品德，是一般社会道德在职业活动中的具体体现。它促使行为人忠于职守，服从秩序，团结协作，秉公办事。由于职业的不同，各行各业都有各自不同特点的道德要求，本条规定的职业病诊断鉴定委员会组成人员客观、公正地履行职务就是其职业道德的体现。职业病诊断鉴定委员会组成人员是否客观、公正地履行职务，遵守职业道德，直接对职业病诊断鉴定结果产生重大影响，关系到当事人的切身利益。正因为如此，职业病诊断鉴定委员会组成人员要对其提出的鉴定意见负责，并承担相应的责任。职业病诊断鉴定委员会组成人员违反其履行职务时应遵守的法定准则的，将受到法律追究。

职业病诊断鉴定委员会组成人员应当客观、公正地履行职责。本条所指的"客观"，是指职业病诊断鉴定委员会组成人员在进行诊断鉴定时，必须做到实事求是，以职业病患者的病情、劳动关系等客观情况为基础，按照国务院卫生行政部门颁布的职业病诊断标准和职业病诊断、鉴定办法进行客观地分析、评价，不得带有主观偏见。本条所指的"公正"，是指职业病诊断鉴定委员会组成人员在诊断鉴定过程中要以独立、超脱的

地位，不偏不倚地对待当事人，不能厚此薄彼，区别对待。

二、鉴定人员的职业禁止的要求

职业病诊断鉴定委员会组成人员不得私下接触当事人。这样规定是防止其受当事人影响，妨碍公正鉴定。职业病诊断鉴定委员会组成人员也不得收受当事人的财物或者其他好处。这里所说的“其他好处”，在实际中有多种表现，如给予参加鉴定的各种名目的费用，或者赠送礼品、邀请出国旅游等。职业病诊断鉴定委员会组成人员收受当事人的任何馈赠或者其他好处，都属于法律禁止的行为。职业病诊断鉴定委员会组成人员违反规定，收受职业病诊断争议当事人的财物或者其他好处的，给予警告，没收收受的财物，可以并处三千元以上五万元以下的罚款，取消其担任职业病诊断鉴定委员会组成人员的资格，并从省、自治区、直辖市人民政府卫生行政部门设立的专家库中予以除名。

三、鉴定人员按规定回避的情形

为保护当事人的合法权益，客观公正地进行职业病诊断鉴定，有必要在职业病诊断鉴定中确立回避制度。职业病诊断鉴定委员会组成人员与当事人有利害关系的，应当回避。职业病诊断鉴定委员会组成人员应当自觉遵守本条规定，自行回避，当事人也有权以书面或口头的方式提出申请，要求他们回避。利害关系一般包括以下情形：一是与当事人有某种亲属关系，如夫、妻、父、母、子、女及同胞兄弟姐妹等。二是存在其他利害关系，如与本案当事人有亲密、隶属的关系，有可能影响公正处理案件的。另外，为体现再鉴定程序对于首次鉴定的复查和监督功能，参加首次鉴定的专家应作为职业病诊断鉴定的利害关系人，不应参加对同一个职业病诊断的再鉴定。同理，参加过职业病诊断的医疗卫生机构的人员，被聘为职业病鉴定专家库专家的，也不应参与对同一病例的鉴定和再鉴定。属于上述情形的专家，应当按照要求进行回避。

四、诉讼中职业病鉴定的规定

在人民法院审理有关劳动纠纷等案件中，可能涉及与职业病鉴定有关的问题。根据本条第二款的规定，人民法院在审理案件过程中，需要进行职业病鉴定时，应当从省、自治区、直辖市人民政府卫生行政部门依法设立的相关的专家库中选取参加鉴定的专家进行鉴定。诉讼中的职业病鉴定结论可能作为定案的重要证据，因此，对于此类鉴定也需要按照职业病诊断鉴定的要求来进行，维护法院判决的客观性和公正性。

相关规定

《中华人民共和国职业病防治法》第 81 条；《职业病诊断与鉴定管理办法》第 43 条、第 59 条。

第五十五条　医疗卫生机构发现疑似职业病病人时，应当告知劳动者本人并及时通知用人单位。

用人单位应当及时安排对疑似职业病病人进行诊断；在疑似职业病病人诊断或者医学观察期间，不得解除或者终止与其订立的劳动合同。

疑似职业病病人在诊断、医学观察期间的费用，由用人单位承担。

条文主旨

本条是关于疑似职业病病人的规定。

立法背景

职业病和普通工伤的不同之处在于，职业病通常具有较长的潜伏期，劳动者患病是一个缓慢、渐进的过程，其自身很难及时发觉；即便发现了患病苗头，短时间内也可能无法确诊为职业病。因此，提出疑似职业病病人的概念并设计出保护此类病人权利的制度至关重要。本法对发现疑似职业病的渠道及疑似职业病病人相关权益的保护作出了规定，目的是要让这部分患者不因患病被用人单位无故解聘，并获得及时诊断，同时在诊断和医学观察期间的费用能得到保障。

条文解读

一、疑似职业病病人

实践中，对有些职业病作出诊断，需要较长的诊断观察时间，在医疗卫生机构疑诊为职业病而没有最后确诊前，患病病人称为疑似职业病病人。通常情况下，有下列情况之一者，可视为疑似职业病病人：一是，劳动者所患疾病或健康损害表现与其所接触的工作场所职业病危害因素的关系不能排除的；二是，在同一工作环境中，同时或短期内发生两例及以上健康损害表现相同或相似病例，病因不明确，又不能以常见病、传染病、地方病等群体性疾病解释的；三是，同一工作环境中已经发现职业病病人，其他劳动者出现相似健康损害表现的；四是，职业健康检查机构、职业病诊断机构根据职业病诊断标准，认为需要作进一步的检查、医学观察或诊断性治疗以明确诊断的；五是，劳动者已出现职业病危害因素造成的健康损害表现，但未达到职业病诊断标准规定的诊断条件，而健康损害还可能继续发展的，如职业病诊断标准中规定的观察对象等。疑似职业病病人在我国为数众多，应当保障这部分劳动者的合法权益，因此，本条对医疗卫生机构、用人单位应当对疑似职业病病人履行的义务作出了明确规定。

二、医疗卫生机构发现疑似职业病病人后应当履行的义务

掌握完整、真实的资料是作出正确诊断结论的基础，医疗卫生机构在发现疑似职业病病人时，首先应及时告知劳动者本人。同时，还要通知用人单位，不得拖延，保证疑似职业病病人及时得到诊断救治。同时，应采取以下措施：一是，进一步明确职业接触史，核实患者是否因在工作中接触职业病危害因素而患病；二是，进行工作场所职业病流行病学调查，分析病人临床表现与工作环境的因果关系；三是，住院观察，从体检中取得线索，在诊断不明情况下，对劳动者作全面详细检查，从中发现线索；四是，从实验室检验取得线索，进一步获取相关数据。在为明确诊断而获取上述相关数据后，作好疾病鉴别诊断的基础上，综合分析判断职业病危害因素与疾病的因果关系，以确定诊断。

三、用人单位对疑似职业病病人的义务

首先，用人单位应当及时安排对疑似职业病病人进行诊断，及早确定劳动者是否罹患职业病以便于进行救治，不能为逃避责任而拒绝安排疑似职业病病人进行诊断。其次，用人单位在疑似职业病病人诊断或者医学观察期间，不得解除或者终止与其订立的劳动合同，这也是劳动合同法的明确要求。劳动合同是指劳动者与用人单位之间为确立劳动关系，明确双方权利和义务的协议。劳动合同，对于用人单位而言，是生产劳动过程所必要的条件；对劳动者而言，是参与劳动过程、获得劳动防护和劳动报酬的重要根据。疑似职业病病人因遭受职业病危害在健康、技能等方面会有一定程度的减弱，为防止用人单位在发现疑似职业病病人后寻找借口终止或者解除劳动合同，推卸责任，同时也为了保障疑似职业病病人在发病后的基本经济来源，本条禁止用人单位在疑似职业病人诊断和医学观察期间解除或者终止劳动合同。

四、诊断、医学观察期间的费用承担

疑似职业病病人诊断、医学观察期间的费用，由用人单位承担。疑似职业病病人诊断、医学观察期间的费用通常包括工作场所职业流行病学调查费用、健康损害体检费用、实验室检验费用、诊断性治疗费用及住院费等。由于疑似职业病病人并不能按照规定享受工伤保险待遇，上述费用无法按照工伤保险程序报销，所以需要由用人单位承担，以保障疑似职业病病人的应有权利，同时也有利于诊断和治疗的顺利进行。

相关规定

《中华人民共和国劳动合同法》第 42 条；《中华人民共和国职业病防治法》第 72 条。

第五十六条　用人单位应当保障职业病病人依法享受国家规定的职业病待遇。

用人单位应当按照国家有关规定，安排职业病病人进行治疗、康复和定期检查。

用人单位对不适宜继续从事原工作的职业病病人，应当调离原岗位，并妥善安置。

用人单位对从事接触职业病危害的作业的劳动者，应当给予适当岗位津贴。

条文主旨

本条是关于职业病病人待遇和用人单位有关义务的规定。

立法背景

国家对职业病防治工作一直非常重视，通过制度设计保障职业病病人享受各种待遇，针对职业病病人待遇问题出台了相应的法律、行政法规和其他规定，如工伤保险制度就是非常重要的内容。但是，随着产业结构的调整和多种经济形式的发展，以及有关劳动合同和社会保险的法律法规没有得到彻底的执行，部分职业病患者得不到应有的保障，如何建立行之有效的职业病待遇保障制度是当前职业卫生工作亟待解决的问题。职业病病人在长期的职业活动中为国家的经济建设发展作出了重要贡献，同时也因所从事的职业活动患职业病，许多人因此丧失了劳动能力，应当受到国家和社会的关爱，以解决他们的医疗救治和生活保障问题。因此，通过立法明确规定，职业病病人依法享受国家规定的职业病待遇，用人单位应当予以保障。2011年修改后的职业病防治法增加规定了用人单位应当保障职业病病人依法享受国家规定的职业病待遇的义务。

条文解读

一、关于职业病待遇

职业病待遇相比工伤保险待遇而言，内容更为宽泛。劳动者被确诊为职业病后，除经过工伤认定享受相应的工伤保险待遇外，还享受一系列的权利和待遇，如本条第二款、第三款、第四款规定的待遇。本条是对职业病病人依法享受待遇的一般性规定。

二、用人单位保障职业病病人享受职业病待遇的具体要求

1. 按照国家有关规定，安排职业病病人进行治疗、康复和定期检查。由于相当一部分职业病的治疗需要较长的过程，许多职业病还具有不可逆性，其后续的治疗和康复涉及的费用等，需要由用人单位予以承担。职业病康复是从体能上、心理上启发并训练患病者对工作与就业岗位的积极心态和正确的自我价值认识。本条中的康复包括医学康复、教育康复、职业康复。医学康复，是康复首要和最重要的内容之一，也是使职业病病人全面康复的基础；职业康复，是为职业病病人考虑工作和职业问题的有关措施之一，它包括就业咨询、就业能力测定、就业前的职业教育与训练、就业安置等工作，最终使职业病病人能切实达到从事某项适合本人能力的工作岗位的要求；教育康复，内容包括对智力、能力、听力语言残疾者所进行的特殊教育等。

2. 用人单位对不适宜继续从事原工作的职业病病人，应当调离原岗位并妥善安置。职业病病人在原有岗位上因遭受职业病危害，已经被诊断为职业病的，如果继续从事原工作，可能会加剧病情，不利于劳动者的健康保护；用人单位不得强令职业病病人继续从事接触职业病危害的作业。对于不适宜继续从事原工作的这部分职业病病人，用人单位要将其调离原岗位，防止其继续遭受危害，同时要予以妥善安置。

3. 用人单位对从事接触职业病危害的作业的劳动者，应当给予适当岗位津贴。在经济上给予从事接触职业病危害的作业的劳动者以必要的补偿，是由职业病危害岗位的具体性质所决定的。岗位津贴不是一般意义上的工资，而是在普通工资的基础上，针对存在职业病危害因素的岗位而提供具有特殊补偿性

质的劳务报酬。从事接触职业病危害的作业，相比普通岗位而言患病的风险和几率都比较大，劳动者本人为此承担的精神压力和因自我防护采取措施的成本也较大，给予适当的岗位津贴，可以在一定程度上对这部分劳动者进行补偿。

相关规定

《中华人民共和国劳动合同法》第31条~第32条。

第五十七条　职业病病人的诊疗、康复费用，伤残以及丧失劳动能力的职业病病人的社会保障，按照国家有关工伤保险的规定执行。

条文主旨

本条是关于职业病病人的诊断治疗、康复费用等有关社会保障按工伤保险规定执行的规定。

立法背景

工伤保险是劳动者在工作中或在规定的特殊情况下，遭受意外伤害或患职业病导致暂时或永久丧失劳动能力以及死亡时，劳动者或其遗属从国家和社会获得物质帮助的一种社会保险制度。国际上的通常做法是建立职业工伤保险，并作为国家社会保障制度体系的重要组成部分。工伤保险制度的特点是强制性、保障性、优厚性以及缴纳保险费的单方性。用人单位应当按照国家规定参加工伤保险，对于不参加工伤保险的，有关部门可以根据法律和法规进行处罚。工伤保险是对因工伤亡者全过程的保障，包括工伤医疗如医药、诊治、手术费用，工伤生活待遇如长期生活费补贴、工伤残疾补助金、丧葬补贴、遗属抚恤金，以及工伤康复费用和转业培训费用等。工伤保险的待遇较养老和失业保险都要高，相对于失业保险和养老保险，工伤保险除了提供劳动者在工伤医疗期间及退出工作岗位后的生活保障外，还可以根据伤残情况补偿因工受伤的经济损失。享受工伤保险待遇不受年龄、工龄条件的限制，凡是因工伤残的均应给予相应待遇。在缴纳保险费方面，用人单位单方缴纳保险费，与其他社会保险项目需要用人单位和劳动者共同负担有所不同。将职业病纳入工伤范畴，可以有效地保障职业病病人的医疗和生活。

条文解读

一、现行工伤保险制度

我国目前在工伤保险方面主要适用的是社会保险法和修订后于2011年1月1日施行的《工伤保险条例》，其宗旨是为了保障因工作遭受事故伤害或者患职业病的职工获得医疗救治和经济补偿，促进工伤预防和职业康复，分散用人单位的工伤风险；主要内容是工伤保险经办机构依照国家有关规定向用人单位征缴工伤保险费，实行社会统筹，设立工伤保险基金，用于对工伤职工或者职业病患者提供医疗救治和经济补偿。这是我国在社会主义市场经济条件下由用人单位出资，解决职业病病人治疗经费的有效途径之一。因此，本条明确规定职业病病人经过诊断、鉴定被确认为职业病，经过工伤认定后，有关诊疗、康复费用，伤残以及丧失劳动能力的职业病病人的社会保障按照国家有关工伤保险的规定执行。职业病病人经治疗伤情相对稳定后存在残疾、影响劳动能力的，还应当进行劳动能力鉴定，劳动能力鉴定也是职业病病人享受工伤保险待遇的重要根据之一。

二、工伤医疗待遇

职业病病人在治疗过程中，享受工伤医疗待遇，所需费用符合工伤保险诊疗项目目录、工伤保险药品目录、工伤保险住院服务标准的，从工伤保险基金支付；住院治疗的伙食补助费，以及经医疗机构出具证明，报经办机构同意，到统筹地区以外就医所需的交通、食宿费用从工伤保险基金支付。需要指出的是，作出认定为工伤的决定后发生行政复议、行政诉讼的，复议和诉讼期间不停止支付职业病病人的医疗费用。

三、停工留薪待遇

职业病病人需要暂停工作接受工伤医疗的，在停工留薪期内，享受正常工作期间标准的工资福利，由所在单位按月支付；停工留薪期一般不超过十二个月。伤情严重或者情况特殊，经设区的市级劳动能力鉴定委员会确认，可以适当延长，但延长不得超过十二个月。工伤职工评定伤残等级后，停发原待遇，按照有关规定享受伤残待遇。在停工留薪期满后仍需治疗的，继续享受工伤医疗待遇。生活不能自理的，在停工留薪期需要护理的，由所在单位负责。

四、伤残待遇

职业病病人经过劳动能力鉴定，根据劳动功能障碍程度和生活自理障碍程度被确定为相应的伤残等级后，按照不同的等级享受对应的伤残待遇：一是被鉴定为一级至四级伤残的，保留劳动关系，退出工作岗位，领取一次性伤残补助金，并按月领取伤残津贴；达到退休年龄并办理退休手续后，停止领取伤残津贴，按照国家有关规定享受基本养老保险待遇。基本养老保险待遇低于伤残津贴的，由工伤保险基金补足差额。二是被鉴定为五级、六级伤残的，领取一次性伤残补助金，保留与用人单位的劳动关系，由用人单位安排适当工作。难以安排工作的，由用人单位按月发给伤残津贴，并由用人单位按照规定为其缴纳各项社会保险费。经职业病病人提出，可以与用人单位解除或者终止劳动关系，领取一次性工伤医疗补助金，并由用人单位支付一次性伤残就业补助金。三是被鉴定为七级至十级伤残的，领取一次性伤残补助金；劳动、聘用合同期满终止，或者职业病病人提出解除劳动、聘用合同的，由工伤保险基金支付一次性工伤医疗补助金，并由用人单位支付一次性伤残就业补助金。上述一次性伤残补助金和伤残津贴的标准根据不同的伤残等级执行不同的标准。

相关规定

《中华人民共和国社会保险法》第 36 条、第 38 条 ~ 第 40 条；《工伤保险条例》第 30 条 ~ 第 31 条、第 33 条 ~ 第 37 条。

第五十八条　职业病病人除依法享有工伤保险外，依照有关民事法律，尚有获得赔偿的权利的，有权向用人单位提出赔偿要求。

条文主旨

本条是关于职业病病人有权要求民事赔偿的规定。

立法背景

根据现行的工伤保险制度，职业病病人要享受相应的工伤保险待遇，需要遵守严格的认定程序，与之相对应的，工伤保险待遇有严格的范围，比如治疗费用要符合相应的目录和标准才能从工伤保险基金中支付，伙食补助费等必要的费用需要经办机构的同意才能得以支付。尽管我国的工伤保险制度对于职业病病人的保障力度已经很大，但是在实践中，还是有可能出现职业病病人因患病支出的合理费用大于工伤保险所能支付范围的情况，由于这些费用因患职业病而支出，且在合理范围，本法考虑到这一情况，因此规定职业病病人对此有主张民事赔偿的权利。

条文解读

一、"先工伤、后民事"的赔偿模式

根据职业病病人享受工伤保险待遇的规定，职业病病人的诊疗康复费用及有关社会保障可以得到很大程度的解决，但是，在特定的情况下也还有可能难以完全补偿职业病病人因患有职业病所受到的损失。在实际中，有的职业病人遭受了很严重的职业病危害，病期长达数年甚至更长，职业病病人因而丧失劳动能力，且生活也有不少困难，职业病危害对职业病病人造成的损害已经超出了工伤保险所能够保障的范围。有的用人单位还存在违章指挥、玩忽职守、不讲科学冒险蛮干的行为，对劳动者患职业病存在过错。因此，本条规定了职业病病人除依法享有工伤保险外，还可以根据民事法律向用人单位提出赔偿要求，一般情况下，这种赔偿是从民事侵权的角度提出赔偿请求，侵权责任赔偿的范围以补足劳动者的实际损失为限，也就是采取补充赔偿的模式。受伤害的职工，在获得工伤保险补偿后，可以就未获得补偿的部分再向所属用人单位提出赔偿主张。

二、职业病病人的民事诉讼权利

职业病病人向用人单位提出民事赔偿请求，遭受拒绝的，可以向人民法院起诉。法院在审查过程中，应当审查是否符合民事侵权的构成要件，然后再作出支持请求或驳回请求的判决。

通常情况下，职业病病人已经通过诊断和鉴定，其遭受职业病危害的事实已经被确定，而且经过劳动部门伤残鉴定，有的甚至生活完全不能自理，精神和身体遭受到非常严重的摧残，具备损害事实发生的要件。职业病诊断和鉴定属于归因性诊断，已经表明劳动者的损害事实与职业岗位的关系，因果关系明确。如果用人单位存在不遵守有关法律法规的规定，职业病防治措施不健全不到位，则属于职业危害场所形成的特殊侵权，应当适用无过错归责原则，即只要不是受害人故意，侵权人就应当承担民事责任。

相关规定

《中华人民共和国民事诉讼法》第 119 条；《中华人民共和国侵权责任法》第 47 条、第 72 条。

第五十九条　**劳动者被诊断患有职业病，但用人单位没有依法参加工伤保险的，其医疗和生活保障由该用人单位承担。**

条文主旨

本条是关于没有参加工伤保险的用人单位承担职业病病人医疗和生活保障义务的规定。

立法背景

20 世纪 80 年代末，我国政府开始对工伤保险进行改革。1996 年，原劳动部出台了《企业职工工伤保险试行办法》（已失效），开始在部分地区建立工伤保险制度。同年，有关部门还制定了《职工工伤与职业病致残程度鉴定标准》（GB/T 16180-

1996)（已失效），为鉴定工伤和职业病致残程度提供了根据。2003 年国务院通过了《工伤保险条例》，对工伤保险制度进行了详细规定；2010 年对《工伤保险条例》进行了修正，于 2011 年 1 月 1 日实施。应该说目前我国的工伤保险制度已经较为完备和成熟。但是，实践中发现，仍然有一部分用人单位为了降低用工成本，逃避社会责任，不依法参加工伤保险，这些单位的劳动者患职业病的，无法通过工伤保险途径享受相应的待遇。因此，本法要求此类不参加工伤保险的用人单位承担本单位职业病患者的医疗和生活保障。

条文解读

一、用人单位不参加工伤保险应承担的责任

用人单位依法参加工伤保险的，劳动者被诊断患有职业病，根据工伤保险的有关规定享受相应的待遇。但由于有的单位出于自身利益考虑，没有为职工参加工伤保险。在此情况下职业病病人无法享受工伤保险待遇。因此本条规定，这种情况用人单位应当承担职业病病人的医疗和生活保障。关于医疗和生活保障的具体标准，应当比照本法和工伤保险规定的有关待遇标准执行，以保证职业病病人能得到及时救治，并能够满足其基本生活需求。

根据工伤保险的统筹性质，如果用人单位按照规定缴纳了工伤保险费，在劳动者被确诊患有职业病后，按工伤保险规定的途径让其享受相应待遇，对于用人单位来说，所付出的代价相对较小。所以，用人单位从保护职工利益和自身利益出发，应当主动参加工伤保险。

二、用人单位不承担职业病病人医疗和生活保障的情况

按照社会保险法规定，职工所在用人单位未依法缴纳工伤

保险费，发生工伤事故的，由用人单位支付工伤保险待遇，用人单位不支付的，从工伤保险基金中先行支付。此种情况包括职业病病人经认定为工伤，但用人单位不支付工伤医疗费用的情况。在此情况下，社会保险经办机构应当根据实际情况替用人单位先行支付，以免影响职业病病人的治疗。在先行支付的情况下，由于职业病病人已经经过诊断或诊断鉴定，劳动关系以及用人单位工作场所职业病危害与职业病病人患病之间的因果关系明确，所以义务的最后承担主体并未改变，仍然是用人单位。从工伤保险基金中为职业病病人先行支付的医疗和生活保障费用应当由用人单位偿还，用人单位不偿还的，社会保险经办机构可以依法向用人单位追偿。

相关规定

《中华人民共和国社会保险法》第 41 条；《工伤保险条例》第 62 条。

第六十条　职业病病人变动工作单位，其依法享有的待遇不变。

用人单位在发生分立、合并、解散、破产等情形时，应当对从事接触职业病危害的作业的劳动者进行健康检查，并按照国家有关规定妥善安置职业病病人。

条文主旨

本条是关于职业病病人的待遇保障和在用人单位发生分立、合并、解散、破产等情形时应当妥善安置职业病病人的规定。

立法背景

职业病病人是在职业活动中因接触职业病危害因素而患病的劳动者，他们在所从事的职业活动中为国家的经济建设和社会发展贡献了自己的力量，伤残后应当依法获得救治和生活保障，这是宪法赋予劳动者的权利。2011 年修改后的职业病防治法规定用人单位在发生分立、合并、解散时应当履行相关义务，重点强调用人单位在分立、合并、解散前就应当将有关保障职业病病人待遇的义务履行完毕，以便更好地维护劳动者的合法权益。

条文解读

一、用人单位发生分立、合并、解散、破产的情形

用人单位变更包括多种情形，比较复杂。用人单位的分立，是指一个用人单位分为两个或者两个以上的用人单位的法律行为，属于用人单位在法律人格上的变更。分立的方式有两种：一种是创设式分立，即一个用人单位分成两个以上的用人单位，原用人单位消灭；另一种方式是存续式分立，即原用人单位存续，但分出其一部分资产设立新用人单位。用人单位的合并，是指两个以上的用人单位根据法律规定或者合同约定变为一个单位的法律行为。用人单位的合并方式有两种：一种是两个以上的用人单位合并为一个新的用人单位，原用人单位消失，原用人单位的权利和义务由新用人单位承担，此种合并称新设合并；另一种是一个或者多个用人单位归入到现存的用人单位之中，被合并的用人单位主体资格消灭，存续的用人单位主体资格仍然存在，只是由于被合并的用人单位的加入而发生变更，这一合并方式称为吸收合并。用人单位的解散包括两种情形：

一种是用人单位违法，依法被强制解散，如企业被吊销营业执照；另一种是用人单位自行解散，包括用人单位因目的、事业完成或者无法完成而决议解散，或者因章程规定的解散事由出现而解散等。用人单位的破产，是指其因不能清偿到期债务被申请特别处理，经法院审查受理，将其财产按照债权比例处分给债权人的特定的审理程序。用人单位发生上述情形时，有的法律主体资格存续，有的法律主体资格被注销。为保护职业病病人的合法权益，本条规定了发生上述情形，用人单位应当妥善安置职业病病人。

二、用人单位发生主体变更时的义务

本条第二款针对用人单位发生变更的问题规定了用人单位的两项义务：一是用人单位应当对从事接触职业病危害作业的劳动者进行健康检查。进行健康检查的主要目的是对劳动者在单位发生变更时的健康状况进行一个阶段性的记录，以便能对职业病危害因素与劳动者患病之间的因果关系进行迅速认定，避免时间拖延使责任难以认定。二是按照国家有关规定妥善安置职业病病人。如继续安排好对职业病病人的诊断、治疗、康复，使职业病病人获得应有的生活保障等。此外，还应按照公司企业管理的有关规定对职业病病人的工作、生活等进行合理的安排。如根据工伤保险的有关规定，用人单位分立、合并、转让的，承继单位应当承担原用人单位的工伤保险责任，原用人单位已经参加工伤保险的，承继单位应当到当地经办机构办理工伤保险变更登记，企业破产的，在破产清算时依法拨付应当由单位支付的工伤保险待遇费用。从工伤保险统筹的角度看，职业病病人依法享受的职业病待遇标准不应受工作岗位变动和用人单位主体变更和消失的影响。

相关规定

《中华人民共和国公司法》第174条、第176条、第186条；《中华人民共和国企业破产法》第113条；《工伤保险条例》第43条。

第六十一条　用人单位已经不存在或者无法确认劳动关系的职业病病人，可以向地方人民政府民政部门申请医疗救助和生活等方面的救助。

地方各级人民政府应当根据本地区的实际情况，采取其他措施，使前款规定的职业病病人获得医疗救治。

条文主旨

本条是关于对用人单位已经不存在或者无法确认劳动关系的职业病病人进行救助的规定。

立法背景

在现有的社会保障制度和劳动合同制度下，结合已经出台的“老工伤”政策，大多数的职业病患者可以确定用人单位，也能够较为顺利地获得工伤保险待遇。但是仍有少数无法纳入工伤保险统筹的职业病患者得不到应有的待遇保障，这些职业病患者一部分是工伤保险制度实行前在小型私营企业、个体经济组织等工作而患职业病的劳动者，其用人单位已经破产、关停等，且未对职业病患者的待遇作出安排；另一部分是实行工伤保险制度后，在非正规用人单位工作而患职业病的劳动者，例如在私人小矿井打散工且在多个矿井间频繁转换工作的农民工等，其用人单位已不存在或无法确认劳动关系。上述两部分职业病患者属于用人单位已经不存在或无法确认劳动关系的职业病病人，由于用人单位没有参加工伤保险且现已不复存在，导致其无法享受工伤保险待遇，而且用人单位在破产、关停时没有对其作出职业病待遇安排；有的虽然用人单位还在，但根本无法确认劳动关系，因而找不到职业病危害的责任主体，也无法享受相应的职业病待遇。为了保障上述职业病病人的医疗和生活，2011 年修改后的职业病防治法增加了对职业病病人进行救助的规定。

条文解读

一、对职业病病人的社会救助

根据现有的社会保障体系，对于用人单位已经不存在或者无法确认劳动关系的职业病患者，已经参加基本医疗保险、基本养老保险等社会保险的，可以按照有关规定享受医疗、养老保险待遇，在一定程度上解决他们医疗和生活等方面的困难。但是，由于职业病患者的情况比较特殊，其治疗不同于其他普通疾病的治疗，所需的花费较高，且职业病患者因患病影响了劳动能力，有的甚至丧失劳动能力，其生活比一般的患病人员更为困难，基本医疗和养老保险待遇可能无法满足这部分职业病病人的医疗和生活需要，因此，有必要将其纳入社会救助的范畴，即用人单位已经不存在或无法确认劳动关系的职业病病人可以向地方人民政府民政部门申请医疗和生活等方面的救助。社会救助是社会保障制度的重要组成部分，在保障贫困群体基本生活、维护困难群众基本生活权益，维护社会稳定方面发挥着重要作用。目前的社会救助主要包括城市低保制度、农村低保制度（农村五保供养和农村特困救助）、城乡医疗救助制度、临时救济制度、社会互助制度等内容，符合条件的职业病病人，可以获得相应的社会救助。

二、对职业病病人进行救治的其他措施

本条第二款是对地方各级人民政府采取其他措施救治用人单位已经不存在或者无法确认劳动关系的职业病病人的规定。在实践中，一些职业病的潜伏周期比较长，而且有的职业病患者的病情比较严重，有的地方甚至在短时间内爆发了群体性职业病，这些职业病患者由于用人单位已经不存在或者无法确认劳动关系，无法享受工伤保险待遇，仅凭医疗、养老保险和一般的社会救助，往往保障水平有限，无法满足治疗的需要，一些职业病病人的身体健康甚至生命遭受严重威胁。在本法修正过程中，通过调研了解到，一些地方政府对这部分职业病病人采取了筹集专项资金等方法进行救治，较好地解决了这部分职业病病人的医疗和生活保障问题，对保护劳动者权益、维护社会稳定起到了重要的作用。本条规定地方各级人民政府应当采取除本条第一款所述医疗和生活救助以外的其他措施对这部分职业病病人进行救治，既能够充分发挥地方人民政府对职业病病人救治的积极性、主动性，因地制宜地解决好这部分职业病病人的医疗保障问题；同时也考虑到各地区职业病发病的情况不同，不作严格统一的规定，由地方政府根据本地区职业病防治工作的实际情况采取措施，保证此类职业病病人在获得社会救助的基础上，还可以获得较高水平的医疗救治保障。

相关规定

《中华人民共和国社会保险法》第10条~第32条。

第五章　监督检查

第六十二条　县级以上人民政府职业卫生监督管理部门依照职业病防治法律、法规、国家职业卫生标准和卫生要求，依据职责划分，对职业病防治工作进行监督检查。

条文主旨

本条是关于职业卫生监督管理部门履行监督检查职责的根据和监督检查职责的规定。

立法背景

在职业病防治工作中，职业卫生监督管理部门加强监督检查是其依法行政的重要体现，也是确保用人单位严格遵守职业病防治法律法规、落实职业病防治管理措施的重要手段。徒法不足以自行，只有监管部门严格执法，依法加强监督检查工作，法律规定才能够真正得到落实。2011 年职业病防治法修改，职业卫生监督管理职能在第九条的规定中作了相应调整，职业卫生监管部门由原来的卫生行政部门一家调整为卫生行政部门、安全生产监督管理部门、劳动保障行政部门三家，履行监督检查职责的主体也由一家相应调整为三家；同时，将监督检查对象由职业病防治工作以及职业病危害因素检测、评价工作，修改为职业病防治工作，删去了对职业病危害检测、评价活动实施监督检查的规定。广义上的职业病防治工作包括职业病危害因素检测、评价工作。同时根据本法第二十七条的规定，目前主要由安全生产监督管理部门对职业卫生技术服务机构依法从事职业病危害因素检测、评价工作实施监督检查。

条文解读

一、职业卫生监督管理部门监督检查的根据

根据本条规定，县级以上人民政府职业卫生监督管理部门履行监督检查职责时：一要根据包括本法在内的职业病防治法律、行政法规和地方性法规的规定进行，必须按照法定职权、法定程序执法。二要根据依法制定的国家职业卫生标准和卫生要求进行。按照本法规定和国务院有关部门的职责划分，有关防治职业病的国家职业卫生标准和卫生要求，由国务院卫生行政部门组织制定并公布。三要根据职责划分进行。安全生产监督管理、卫生、劳动保障三家行政部门之间应当根据本法和国务院确定的各自职责，履行相应的监督检查职责，既不能越权，也不能失职。安全生产监督管理部门主要负责监督检查用人单位落实职业病预防管理措施的情况；卫生行政部门主要负责对职业病诊断、鉴定和治疗工作进行监督检查；劳动保障行政部门主要负责对用人单位依法参加工伤保险的情况以及落实职业病病人工伤保险待遇的情况实施监督检查。

二、职业卫生监督管理部门监督检查的职责

本条对职业卫生监督管理部门的监督检查职责作了明确规定，监督检查内容为依法对职业病防治工作进行监督检查，包括前期预防、劳动过程中的防护与管理和职业病诊断与职业病病人保障等，职业卫生监督管理部门必须依照法定要求认真履行自己的职责，行使自己的权力。

相关规定

《中华人民共和国职业病防治法》第9条、第27条；《中央机构编制委员会办公室关于职业卫生监管部门职责分工的通知》。

第六十三条　安全生产监督管理部门履行监督检查职责时，有权采取下列措施：

（一）进入被检查单位和职业病危害现场，了解情况，调查取证；

（二）查阅或者复制与违反职业病防治法律、法规的行为有关的资料和采集样品；

（三）责令违反职业病防治法律、法规的单位和个人停止违法行为。

条文主旨

本条是关于安全生产监督管理部门在履行监督检查职责时有权采取的措施的规定。

立法背景

职业卫生监督管理部门行使监督检查职责必须要有一定的执法措施保障。为了确保安全生产监督管理部门依法履行监督检查职责，针对当前职业病防治工作中存在的执法手段不足和措施不够有力的情况，本条重点对安全生产监督管理部门履行监督检查职责时有权采取的措施作了具体规定。2011年《职业病防治法》修改的一项重要内容，就是进一步理顺职业卫生监督管理体制，将原来由卫生部门统一负责职业病防治工作，修改为由卫生部门、安全生产监督管理部门、劳动保障部门共同负责职业卫生监督管理工作。

条文解读

本条规定安全生产监督管理部门在执法过程中可采取下列行政措施：

1. 调查取证。即安全生产监督管理部门有权进入用人单位及其职业病危害现场，了解相关情况，依法取得相关证据。

2. 查阅、复制和采集样品。即安全生产监督管理部门有权查阅或者复制与违反职业病防治法律、法规的行为有关的合同、发票、账簿以及其他相关资料，必要时可以采集相关的样品；查阅、复制资料后应当依法为当事人保密。

3. 责令停止违法行为。即安全生产监督管理部门有权责令违反职业病防治法律、法规的单位和个人停止违法行为，比如要求停止没有防护设施的作业等。

安全生产监督管理部门采取上述行政措施，必须依法进行，比如依法出示相关证件，不能违法失职，发现问题应及时采取相关措施，采集样品必须符合要求，不得要求违法单位和个人提供不相关的样品等。此外，安全生产监督管理部门实施的措施属于行政强制法规定的行政强制措施的，其实施还应当遵守行政强制法的有关规定。

相关规定

《中华人民共和国职业病防治法》第 9 条；《中华人民共和国行政强制法》第 18 条。

第六十四条　**发生职业病危害事故或者有证据证明危害状态可能导致职业病危害事故发生时，安全生产监督管理部门可以采取下列临时控制措施：**

（一）责令暂停导致职业病危害事故的作业；

（二）封存造成职业病危害事故或者可能导致职业病危害事故发生的材料和设备；

（三）组织控制职业病危害事故现场。

在职业病危害事故或者危害状态得到有效控制后，安全生产监督管理部门应当及时解除控制措施。

条文主旨

本条是关于在发生职业病危害事故或者有证据证明危害状态可能导致职业病危害事故发生时，安全生产监督管理部门可以采取的临时控制措施的规定。

立法背景

职业病危害事故严重威胁劳动者的身体健康。因此，一旦发生职业病危害事故或者有证据证明危害状态可能导致职业病危害事故发生时，有关行政机关必须立即采取相应的措施，防止职业病危害事故的发生或者控制、消除事故的危害和影响。在这种情况下，主管部门采取的措施不是对用人单位的终局性的制裁措施，而是为了防止事故发生或者控制、消除事故的临时性措施。

条文解读

一、安全生产监督管理部门可以采取的临时控制措施

为了有效控制和消除职业病危害，保护劳动者依法享有的

合法权益，本条规定，发生职业病危害事故或者有证据证明危害状态可能导致职业病危害事故发生时，安全生产监督管理部门有权采取下述临时控制措施：

1. 责令暂停导致职业病危害事故的作业。这是指安全生产监督管理部门有权要求用人单位立即停止相关的生产作业活动。为取得成效并减轻用人单位的负担，责令停止的作业应是导致职业病危害事故的作业，不能要求停止其他的与此没有关系的作业。

2. 封存造成职业病危害事故或者可能导致职业病危害事故发生的材料和设备。这是指予以封存的有关材料和设备，未经安全生产监督管理部门许可，用人单位不得启用。本项规定也有一个限制，就是封存的材料和设备必须是造成职业病危害事故或者可能导致职业病危害事故发生的材料和设备，不相关的材料和设备不得封存。在封存过程中，可以就地以张贴封条的形式进行，并要求不得随意启封和移动。特殊情况下，也可以将相关的“材料和设备”移至安全地区进行封存。

3. 组织控制职业病危害事故现场。比如要求有关人员撤离现场，将相关现场封闭并要求有关人员不得入内等。

安全生产监督管理部门采取上述临时控制措施，一定要符合本条规定的前提条件：一是发生了职业病危害事故，比如已经导致有关人员死亡等；二是有证据证明危害状态可能导致职业病危害事故发生，比如，经过检测职业病危害因素严重超过国家规定的标准，如果不采取措施则会导致有关人员死亡、患病等。

二、实施临时控制措施必须依法进行

我国行政强制法对查封扣押行为规定了严格的法定程序，

安全生产监督管理部门实施本条第一款的临时控制措施同样应当遵守行政强制法的有关规定，根据行政强制法的规定，查封、扣押限于涉案的场所、设施或者财物，不得查封、扣押与违法行为无关的场所、设施或者财物；不得查封、扣押公民个人及其所扶养家属的生活必需品。当事人的场所、设施或者财物已被其他国家机关依法查封的，不得重复查封。行政机关决定实施查封、扣押的，应当符合法定程序，制作并当场交付查封、扣押决定书和清单。查封、扣押决定书应当载明当事人的姓名或者名称、地址，查封、扣押的理由、依据和期限，查封、扣押场所、设施或者财物的名称、数量等，申请行政复议或者提起行政诉讼的途径和期限，行政机关的名称、印章和日期。查封、扣押的期限不得超过三十日；情况复杂的，经行政机关负责人批准，可以延长，但是延长期限不得超过三十日。延长查封、扣押的决定应当及时书面告知当事人，并说明理由。对物品需要进行检测、检验、检疫或者技术鉴定的，查封、扣押的期间不包括检测、检验、检疫或者技术鉴定的期间。检测、检验、检疫或者技术鉴定的期间应当明确，并书面告知当事人。检测、检验、检疫或者技术鉴定的费用由行政机关承担。对查封、扣押的场所、设施或者财物，行政机关应当妥善保管，不得使用或者损毁；造成损失的，应当承担赔偿责任。对查封的场所、设施或者财物，行政机关可以委托第三人保管，第三人不得损毁或者擅自转移、处置。因第三人的原因造成的损失，行政机关先行赔付后，有权向第三人追偿。因查封、扣押发生的保管费用由行政机关承担。行政机关采取查封、扣押措施后，应当及时查清事实，作出处理决定。对违法事实清楚，依法应当没收的非法财物予以没收；法律、行政法规规定应当销毁的，依法销毁；应当解除查封、扣押的，作出解除查封、扣押的决定。

根据本条第二款的规定，职业病危害事故或者危害状态得到有效控制后应及时解除临时控制措施。采取本条规定的临时控制措施目的是控制和消除职业病危害，为劳动者创造符合国家职业卫生标准和卫生要求的工作条件，当采取临时控制措施的条件不再具备时，比如事故已经消除或者已经制定了相关的防范措施时就应当解除相关控制措施，该解封的解封，该恢复作业的恢复作业，等等。

相关规定

《中华人民共和国行政强制法》第16条、第28条。

第六十五条　职业卫生监督执法人员依法执行职务时，应当出示监督执法证件。

职业卫生监督执法人员应当忠于职守，秉公执法，严格遵守执法规范；涉及用人单位的秘密的，应当为其保密。

条文主旨

本条是关于职业卫生监督执法人员义务的规定。

立法背景

职业卫生监督执法人员是具体实施职业卫生监督管理的个人，职业卫生监督管理部门的监督管理职责最终要落实到每一名执法人员上，因此，为规范执法人员的行为，维护行政管理相对人的合法权益，有必要对职业卫生监督执法人员的执法行为予以规范。

条文解读

根据本条规定，职业卫生监督执法人员在执行职务过程中应当履行的法定义务包括以下几方面的内容：

一、出示监督执法证件的义务

按照本条第一款规定，职业卫生监督执法人员依法执行职务时，应当出示监督执法证件，监督执法证件由职业卫生监督管理部门统一制发，目的是表明执法的合法性，防止他人假冒执法人员侵犯被监督单位和人员的合法权益。职业卫生监督执法人员执行职务不出示监督执法证件，被监督检查的单位和人员可以依法予以拒绝。

二、忠于职守、秉公执法、遵守执法规范

为了提高执法人员的素质，维护被监督检查对象的合法权益，本条第二款规定职业卫生监督执法人员应当忠于职守、秉公执法、遵守执法规范、保守相关秘密：

1. 忠于职守。忠于职守就是忠实于所担负的职业病防治监督管理工作，对工作要兢兢业业。从事职业卫生监督执法工作的人员属于代表国家行使行政职权的国家公务人员，忠于职守是最基本的要求，其必须具备这一素质，做到对工作认真负责，对本职工作具有高度的责任感。

2. 秉公执法。秉公执法就是必须依法办事，严格履行本法规定的职责。党的十五大提出的依法治国的基本方略，要求行使国家行政职权的工作人员必须依法办事，这也是一项基本的要求。从事职业卫生监督执法工作的人员必须严格依照本法和有关法律、行政法规的规定履行自己的神圣职责。

3. 遵守执法规范。遵守执法规范就是要严格按照法定的程

序，秉公执法、文明执法、廉洁自律。廉洁自律就要公正廉洁，严格要求自己。职业卫生监督执法人员必须具备自尊、自重、自爱的情操，正确对待人情、金钱、名利，自觉抵御各种不正之风和腐败现象的侵蚀，不徇私情、严于律己，以身作则，坚持真理，光明磊落。

三、保守相关秘密的义务

保守相关秘密就是指职业卫生监督执法人员在执法过程中对知悉的用人单位的商业秘密、技术秘密或者国家秘密等不能泄露。执法人员违反这一规定的，应当承担相应的法律责任。

相关规定

《中华人民共和国行政强制法》第 18 条；《中华人民共和国保守国家秘密法》第 3 条。

第六十六条　职业卫生监督执法人员依法执行职务时，被检查单位应当接受检查并予以支持配合，不得拒绝和阻碍。

条文主旨

本条是关于被检查单位的义务的规定。

立法背景

本法对用人单位应当履行的职业病防治义务作了明确规定，用人单位在经营管理过程中应当接受职业卫生监管部门及其监督执法人员的监督检查。实践中，一些用人单位的职业病防治管理措施不落实，在监管部门对其实施监督检查时，采用各种手段和方法阻碍执法人员依法执行职务。针对这一情况，本条对被检查单位的义务作了明确规定。其目的在于方便职业卫生监管部门及其执法人员依法开展工作，提高用人单位守法的自觉性。

条文解读

一、接受依法进行的监督检查的义务

本条规定的被检查单位的义务是接受检查并予以支持配合，不得拒绝和阻碍。这项义务的核心就是不得将执法人员拒之门外，要允许执法人员进入相关场所，为执法人员履行职务提供便利条件，应当满足执法人员提出的合法要求。被检查单位不履行这项法定义务应依照本法法律责任部分有关条文的规定承担相应的法律责任。

二、有权拒绝非法进行的监督检查

本条规定被检查单位应当接受检查有一个前提条件就是职业卫生监督执法人员“依法执行职务”。职业卫生监督执法人员依法执行职务应当出示监督执法证件，秉公执法，遵守执法规范，等等。如果职业卫生监督执法人员“不依法执行职务”，被检查单位有权依法予以拒绝，并对违法人员的违法行为进行举报。

第六十七条　卫生行政部门、安全生产监督管理部门及其职业卫生监督执法人员履行职责时，不得有下列行为：

（一）对不符合法定条件的，发给建设项目有关证明文件、资质证明文件或者予以批准；

（二）对已经取得有关证明文件的，不履行监督检查

职责；

（三）发现用人单位存在职业病危害的，可能造成职业病危害事故，不及时依法采取控制措施；

（四）其他违反本法的行为。

条文主旨

本条是关于卫生行政部门、安全生产监督管理部门及其职业卫生监督执法人员履行职责时的禁止行为的规定。

立法背景

2016年7月2日十二届全国人大常委会第二十一次会议通过的《全国人民代表大会常务委员会关于修改〈中华人民共和国节约能源法〉等六部法律的决定》对《职业病防治法》作了修改，涉及本条有关内容。主要修改是将依法履行职责的主体由“安全生产监督管理部门及其职业卫生监督执法人员”改为“卫生行政部门、安全生产监督管理部门及其职业卫生监督执法人员”。需要说明的是，2016年对于本条内容的修改，并没有对现行的职业卫生监管体制和监管部门的职业卫生监管职能进行重新划分，是对原有监管职责的更清晰表述。根据《职业病防治法》第九条的规定，卫生行政部门一直是职业病防治的监督管理部门之一；同时，《职业病防治法》第八十七条规定，对医疗机构放射性职业病危害控制的监督管理，由卫生行政部门依照本法的规定实施。本条内容所禁止的包括违法发证与审批、对已取得有关证明文件的单位和个人不履行监督检查职责等行为也必须对卫生行政部门及其职业卫生监督执法人员也应当作出同样的要求。

依法履行职责，是法律对卫生行政部门、安全生产监督管理部门及其职业卫生监督执法人员的基本要求，也是依法行政的基本要求。卫生行政部门、安全生产监督管理部门及其职业卫生监督执法人员必须按照要求执法。为保障卫生行政部门、安全生产监督管理部门及其职业卫生监督执法人员依法行政，秉公执法，从实际出发，本条对卫生行政部门、安全生产监督管理部门及其职业卫生监督执法人员在执法中应当禁止的行为作出了明确的规定，这些规定是强制性的，卫生行政部门、安全生产监督管理部门及其职业卫生监督执法人员必须遵守，不得有本条规定的行为，如果有本条规定的行为，则属于违法，应承担相应的法律责任。

条文解读

根据本条规定，卫生行政部门、安全生产监督管理部门及其职业卫生监督执法人员不得从事的行为具体包括以下四种：

1. 不得违法发证与审批。颁发相关证明文件和进行必要的审批是预防、控制和消除职业病危害，防治职业病，保护劳动者健康及其相关权益的需要，违法发证与审批同上述需要相违背，同依法行政相抵触，不利于搞好职业病防治工作，必须禁止。

2. 不得对已取得有关证明文件的单位和个人不履行监督检查职责。为了防止有些单位和个人在取得相关证明文件后不依法履行自己的职业病防治义务，颁发证明文件的部门需要对其进行监督检查。卫生行政部门、安全生产监督管理部门及其职业卫生监督执法人员必须依法履行监督检查职责，以保证职业病防治法律、法规的有效实施。卫生行政部门、安全生产监督管理部门及其职业卫生监督执法人员对已取得有关证明文件的单位和个人不履行监督检查职责的，应承担相应的法律责任。

3. 发现可能造成职业病危害事故的情形不得有不及时依法采取控制措施的行为。对用人单位存在职业病危害隐患，可能造成职业病危害事故，如不及时采取相关控制措施，将危及国家、用人单位和劳动者的生命或财产安全时，卫生行政部门、安全生产监督管理部门及其职业卫生监督执法人员必须及时依法采取控制措施，以防止职业病危害事故的发生。不采取措施是一种违法失职行为，必须禁止。

4. 禁止其他违法行为。比如收受贿赂、虚报、瞒报危害事故、罚款超过法定要求等均属于违法行为，既然是违法行为就应当禁止。

第六十八条　职业卫生监督执法人员应当依法经过资格认定。

职业卫生监督管理部门应当加强队伍建设，提高职业卫生监督执法人员的政治、业务素质，依照本法和其他有关法律、法规的规定，建立、健全内部监督制度，对其工作人员执行法律、法规和遵守纪律的情况，进行监督检查。

条文主旨

本条是关于职业卫生监督执法人员的资格认定和职业卫生监督管理部门应当依法加强队伍建设的规定。

立法背景

职业卫生监督执法是一项技术性很强的工作，执法人员应当依法经过资格认定，监管部门应当加强队伍建设。

条文解读

一、职业卫生监督执法人员应当依法经过资格认定

职业病防治技术规范多，专业性强，职业卫生监督管理部门应当对职业卫生监督执法人员进行资格认定，防止不具备资格条件的人员混进职业卫生监督执法队伍。对此，国务院职业卫生监督管理部门应当根据本法制定相关的规范条件，对执法人员提出要求。只有符合要求的，才能上岗执法。

二、职业卫生监督管理部门应加强队伍建设

拥有一支过硬的队伍，是保证法律实施的前提。根据本条第二款规定，职业卫生监督管理部门必须加强队伍建设：

一是必须对职业卫生监督执法人员进行经常性的政治教育、业务培训，及时处理违法人员，不断提高职业卫生监督执法人员的政治、业务素质。

二是依照本法和其他有关法律、法规的规定，建立、健全内部监督制度。本法颁布实施以后职业卫生监督管理部门应当按照法律、法规的要求，将相关的制度建立起来，保证所建立的相关制度具有规范性、可操作性，同时有利于严格执法，文明执法，有利于职业病防治工作。

三是对职业卫生监督执法人员执行法律、法规和遵守纪律的情况，进行监督检查。监督检查应当是经常性的，可以定期进行，也可以不定期进行。监督检查不应当走过场，应认真对待，使监督检查落到实处。

第六章　法律责任

第六十九条　建设单位违反本法规定，有下列行为之一的，由安全生产监督管理部门和卫生行政部门依据职责分工给予警告，责令限期改正；逾期不改正的，处十万元以上五十万元以下的罚款；情节严重的，责令停止产生职业病危害的作业，或者提请有关人民政府按照国务院规定的权限责令停建、关闭：

（一）未按照规定进行职业病危害预评价的；

（二）医疗机构可能产生放射性职业病危害的建设项目未按照规定提交放射性职业病危害预评价报告，或者放射性职业病危害预评价报告未经卫生行政部门审核同意，开工建设的；

（三）建设项目的职业病防护设施未按照规定与主体工程同时设计、同时施工、同时投入生产和使用的；

（四）建设项目的职业病防护设施设计不符合国家职业卫生标准和卫生要求，或者医疗机构放射性职业病危害严重的建设项目的防护设施设计未经卫生行政部门审查同意擅自施工的；

（五）未按照规定对职业病防护设施进行职业病危害控制效果评价的；

（六）建设项目竣工投入生产和使用前，职业病防护设施未按照规定验收合格的。

条文主旨

本条是关于建设单位违反本法规定应当承担的法律责任的规定。

立法背景

职业病重在预防，建设项目的建设处于职业病防治管理的源头环节。职业病危害的产生，往往是由于建设单位缺乏职业卫生防护意识，在项目的设计和施工阶段忽视职业卫生防护要求，没有配备应有的职业病危害防护设施，从而导致项目建成后，存在严重先天的设计性职业病危害隐患，消除这些职业病危害需要付出巨大的代价，往往会造成大量的资金浪费，甚至造成严重的职业病危害后果。因此，在建设项目设计、施工阶段做好职业病危害预防工作，是一项十分重要的工作，并且往往能够起到事半功倍的效果，是职业病防治工作的首要环节和最有效、最经济的措施之一。本法第十七条、第十八条对建设单位在项目建设过程中应当履行的职业病防治义务作了明确规定。本条即是对用人单位违反上述条文规定行为的法律责任的规定。2011 年修改后的《职业病防治法》根据第九条关于职业卫生监管职责调整的有关规定，将 2001 年《职业病防治法》第六十二条规定由卫生行政部门给予行政处罚等制裁，修改为由安全生产监督管理部门给予制裁。

2016 年 7 月 2 日十二届全国人大常委会第二十一次会议通过的《全国人民代表大会常务委员会关于修改〈中华人民共和国节约能源法〉等六部法律的决定》对《职业病防治法》部分

条文作了再次修改。根据该决定：一是根据对本法第十七条的修改，相应删去了有关职业病危害预评价报告未经安全生产监督管理部门审核同意即开工建设的法律责任的规定，但是保留并明确了医疗机构可能产生放射性职业病危害的建设项目未按照规定提交放射性职业病危害预评价报告，或者放射性职业病危害预评价报告未经卫生行政部门审核同意即开工建设的法律责任。二是进一步明确了建设单位未履行“三同时”义务的法律责任。三是根据对本法第十八条第二款的修改，相应删去了有关职业病防护设施设计未经安全生产监督管理部门审查同意擅自施工的法律责任，但是保留并明确了医疗机构放射性职业病危害严重的建设项目的防护设施设计未经卫生行政部门审查同意擅自施工的法律责任。四是根据对本法第十八条第三款的修改，相应删去了有关职业病防护设施未经安全生产监督管理部门验收或者验收不合格即擅自投入使用的法律责任，同时增加了建设单位对职业病防护设施未按照规定验收合格的法律责任。此外，考虑到修改后的《职业病防治法》第十七条、第十八条明确了卫生行政部门对医疗机构建设项目职业病预防工作的监督管理职责，本条规定的执法主体中增加了卫生行政部门，安全生产监督管理部门和卫生行政部门在追究违法行为的法律责任时，依据各自的职责分工履行相应的执法权限、实施相应的行政处罚。

条文解读

根据2016年新修改的《职业病防治法》第十七条第一款的规定，建设项目可能产生职业病危害的，建设单位在可行性论证阶段应当进行职业病危害预评价。医疗机构建设项目可能产生放射性职业病危害的，建设单位应当向卫生行政部门提交放射性职业病危害预评价报告。卫生行政部门应当自收到预评价报告之日起三十日内，作出审核决定并书面通知建设单位。未提交预评价报告或者预评价报告未经卫生行政部门审核同意的，不得开工建设。第十八条规定，建设项目的职业病防护设施所需费用应当纳入建设项目工程预算，并与主体工程同时设计，同时施工，同时投入生产和使用。建设项目的职业病防护设施设计应当符合国家职业卫生标准和卫生要求；其中，医疗机构放射性职业病危害严重的建设项目的防护设施设计，应当经卫生行政部门审查同意后，方可施工。建设项目在竣工验收前，建设单位应当进行职业病危害控制效果评价。上述规定属于法律中的强制性条款，建设单位不得违反，否则就要根据本条的规定承担相应的法律责任。

根据本条规定，建设单位违反上述规定的，应当承担以下法律责任：

1. 给予警告。警告是《行政处罚法》中规定的行政处罚的一种，即由行政机关对违法行为人给予告诫，使其认识自己违法所在和如何改正的一种行政处罚，属于申诫罚。安全生产监督管理部门和卫生行政部门在实施这一处罚时，还应责令建设单位限期改正其违法行为。行政处罚的目的在于通过对违法行为人给予处罚而纠正其违法行为，使其认真遵守法律规定，保证法律在实践中顺利地贯彻执行。根据《行政处罚法》第二十三条的规定“行政机关实施行政处罚时，应当责令当事人改正或者限期改正违法行为。”因此，责令改正并不是行政处罚法中规定的一种行政处罚，而是实施行政处罚时，行政机关应当采取的一种行政措施。

2. 逾期不改正的，处以罚款。罚款是指行政机关依法强制违反行政管理秩序的公民、法人或者其他组织缴纳一定数量的货币的行政处罚。本条规定的罚款的处罚对象是违反了本法有关建设项目职业病危害前期预防的有关规定，并且在安全生产监督管理部门和卫生行政部门按照职责分工给予警告后，在规定的期限内仍不改正其违法行为的建设单位。罚款的金额，本法也作出了明确规定，即 10 万元以上 50 万元以下，具体数额由安全生产监督管理部门和卫生行政部门根据建设单位违法行为的情节轻重决定。

3. 情节严重的，责令停止产生职业病危害的作业，或者提请有关人民政府按照国务院规定的权限责令停建、关闭。这里所讲的“责令停止产生职业病危害的作业”，同属于行政处罚法中规定的行政处罚的一种，是指行政机关对违反行政管理秩序的单位，限其在一定期限内停止生产或经营活动的一种行政处罚，属于行为罚。这里所讲的责令关闭，是指行政机关对违反行政管理秩序的单位，依法剥夺其从事某项生产和经营活动的权利的一种行政处罚。停业、停建和关闭，对企业来说是一种比较严厉的处罚，在处罚时应当慎重，因此本条规定，只有当建设单位违法行为情节严重，才可以实施该项行政处罚。同时又特别规定，责令建设单位停建、关闭的行政处罚应当提请有关人民政府按照国务院规定的权限决定。

相关规定

《中华人民共和国职业病防治法》第 17 条~第 18 条；《中华人民共和国行政处罚法》第 8 条、第 23 条。

第七十条　违反本法规定，有下列行为之一的，由安全生产监督管理部门给予警告，责令限期改正；逾期

不改正的，处十万元以下的罚款：

（一）工作场所职业病危害因素检测、评价结果没有存档、上报、公布的；

（二）未采取本法第二十条规定的职业病防治管理措施的；

（三）未按照规定公布有关职业病防治的规章制度、操作规程、职业病危害事故应急救援措施的；

（四）未按照规定组织劳动者进行职业卫生培训，或者未对劳动者个人职业病防护采取指导、督促措施的；

（五）国内首次使用或者首次进口与职业病危害有关的化学材料，未按照规定报送毒性鉴定资料以及经有关部门登记注册或者批准进口的文件的。

条文主旨

本条是关于产生职业病危害的用人单位和其他有关单位违反本法关于劳动过程中的防护与管理的有关规定的行为应承担的法律责任的规定。

立法背景

2001 年《职业病防治法》对产生职业病危害的用人单位和其他有关单位关于劳动过程中的防护与管理规定了一系列义务，2011 年修改后的职业病防治法基本保留了这些规定，主要体现在第二十条、第二十四条第一款、第二十六条第二款、第二十九条第二款、第三十四条第二款。同时，2001 年《职业病防治法》第六十三条还规定了违反上述义务的法律责任，2011 年修改后的《职业病防治法》对法律责任主要做了两点修改：一是，将行政处罚执法主体由卫生行政部门修改为安全生产监督管理部门；二是，将罚款额度由“二万元以下”修改为“十万元以下”。

条文解读

本法第二十条规定，用人单位应当采取该条规定的职业病防治管理措施，包括：设置或者指定职业卫生管理机构或者组织，配备专职或者兼职的职业卫生管理人员，负责本单位的职业病防治工作；制定职业病防治计划和实施方案；建立、健全职业卫生管理制度和操作规程、职业卫生档案和劳动者健康监护档案、工作场所职业病危害因素监测及评价制度以及职业病危害事故应急救援预案。本法第二十四条第一款规定，产生职业病危害的用人单位，应当在醒目位置设置公告栏，公布有关职业病防治的规章制度、操作规程、职业病危害事故应急救援措施和工作场所职业病危害因素检测结果。本法第二十六条第二款规定，用人单位应当按照国务院安全生产监督管理部门的规定，定期对工作场所进行职业病危害因素检测、评价；检测、评价结果存入用人单位职业卫生档案，定期向所在地安全生产监督管理部门报告并向劳动者公布。本法第二十九条第二款规定，国内首次使用或者首次进口与职业病危害有关的化学材料，使用单位或者进口单位按照国家规定经国务院有关部门批准后，应当向国务院卫生行政部门、安全生产监督管理部门报送该化学材料的毒性鉴定以及经有关部门登记注册或者批准进口的文件等资料。本法第三十四条第二款规定，用人单位应当对劳动者进行上岗前的职业卫生培训和在岗期间的定期职业卫生培训，普及职业卫生知识，督促劳动者遵守职业病防治法律、法规、规章和操作规程，指导劳动者正确使用职业病防护设备和个人使用的职业病防护用品。

上述规定，对于防治职业病，保护劳动者健康都是很重要的，用人单位和其他有关单位不得违反，否则就要根据本条的规定承担相应的法律责任。根据本条规定，产生职业病危害的用人单位和其他有关单位有本条规定的违法行为的，应当承担以下法律责任：

1. 警告。警告是《行政处罚法》第八条规定的行政处罚的一种，这里是指安全生产监督管理部门发现用人单位或者其他有关单位有本条所列的违法行为的，对其给予告诫，使其认识自己的违法所在和如何改正。同时，安全生产监督管理部门在实施这一处罚时，还应根据《行政处罚法》第二十三条的规定，责令当事人限期改正其违法行为，即：工作场所职业病危害因素检测评价结果没有存档、上报、公布的，应当按照有关规定存档、上报、公布；未采取本法规定的职业病防治管理措施的，应当及时采取；未按照规定公布有关职业病防治的规章制度、操作规程、职业病危害事故应急救援措施的，应当及时公布；未按照规定组织劳动者进行职业卫生培训，或者未对劳动者个人职业病防护采取指导、督促措施的，应当及时纠正；国内首次使用或者首次进口与职业病危害有关的化学材料，未按照规定报送毒性鉴定材料以及经有关部门登记注册或者批准进口的文件的，应当及时向国务院卫生行政部门、安全生产监督管理部门报送。

2. 逾期不改正的，处以罚款。罚款是指行政机关依法强制违反行政管理秩序的公民、法人或者其他组织缴纳一定数量的货币的行政处罚。用人单位或者其他有关单位如果有本条规定的违法行为，在安全生产监督管理部门给予警告的处罚后，如果在规定的期限内仍不改正其违法行为，安全生产监督管理部门可以对其处以罚款。罚款的数额本条也进行了规定，即十万元以下，具体数额由安全生产监督管理部门根据当事人违法行为的情节轻重决定。

相关规定

《中华人民共和国职业病防治法》第 20 条、第 24 条、第 26 条、第 29 条、第 34 条；《中华人民共和国行政处罚法》第 8 条、第 23 条。

第七十一条　用人单位违反本法规定，有下列行为之一的，由安全生产监督管理部门责令限期改正，给予警告，可以并处五万元以上十万元以下的罚款：

（一）未按照规定及时、如实向安全生产监督管理部门申报产生职业病危害的项目的；

（二）未实施由专人负责的职业病危害因素日常监测，或者监测系统不能正常监测的；

（三）订立或者变更劳动合同时，未告知劳动者职业病危害真实情况的；

（四）未按照规定组织职业健康检查、建立职业健康监护档案或者未将检查结果书面告知劳动者的；

（五）未依照本法规定在劳动者离开用人单位时提供职业健康监护档案复印件的。

条文主旨

本条是关于用人单位违反本法有关职业病前期预防以及劳动过程中的防护与管理的义务应承担的法律责任的规定。

立法背景

2001 年的《职业病防治法》规定了用人单位在职业病前期预防以及劳动过程中的防护与管理方面的一系列义务，2011 年修改后的《职业病防治法》基本保留了这些规定，主要体现在第十六条，第二十六条第一款、第三十三条、第三十五条第一款、第三十七条。2001 年《职业病防治法》第六十三条在对违反上述义务的法律责任做出规定时，没有对用人单位违反本法第三十六条第三款的规定，即未在劳动者离开用人单位时提供职业健康监护档案复印件的法律责任做出规定，实践中发现这一问题比较重要，2011 修改后的《职业病防治法》完善了这一规定。此外，2011 年修改后的职业病防治法对法律责任还做了两点修改：一是，将行政处罚执法主体由卫生行政部门修改为安全生产监督管理部门；二是，加大处罚力度，将罚款额度由原来的“二万元以上五万元以下”修改为“五万元以上十万元以下”。

条文解读

本法第十六条规定，国家建立职业病危害项目申报制度；用人单位工作场所存在职业病目录所列职业病的危害因素的，应当及时、如实地向所在地安全生产监督管理部门申报危害项目，接受监督。这一制度有利于有关主管部门掌握用人单位的职业病危害情况。本法第二十六条第一款规定，用人单位应当实施由专人负责的职业病危害因素日常监测，并确保监测系统处于正常运行状态。本法第三十三条规定，用人单位在与劳动者订立或者变更劳动合同时，应履行告知义务，将劳动过程中可能产生的职业病危害及其后果、职业病防护措施和待遇等如实告知劳动者，不得隐瞒或者欺骗，这是对劳动者知情权的保护。本法第三十五条第一款规定，对从事接触职业病危害的作业的劳动者，用人单位应当按照国务院安全生产监督管理部门、卫生行政部门的规定组织上岗前、在岗期间和离岗时的职业健康检查，并将检查结果书面告知劳动者。本法第三十六条规定，用人单位应当为劳动者建立职业健康监护档案，并按照规定的期限妥善保存。劳动者离开用人单位时，有权索取本人职业健康监护档案复印件，用人单位应当如实、无偿提供，并在所提供的复印件上签章。

用人单位如果违反上述规定，就要根据本条的规定承担相应的法律责任，主要包括：

1. 警告。即安全生产监督管理部门发现用人单位有本条规定的违法行为时，对违法行为人给予告诫，使其认识自己违法所在和如何改正。同时，安全生产监督管理部门在实施这一处罚时，还应根据《行政处罚法》第二十三条的规定，责令用人单位限期改正其违法行为，即未及时、如实向安全生产监督管理部门申报产生职业病危害的项目的，应当及时、如实申报；未实施由专人负责的职业病危害因素日常监测的，应当指定专人负责；监测系统不能正常监测的，应当及时修复；订立或者变更劳动合同时，未告知劳动者职业病危害真实情况的，应当及时告知；未按照规定组织职业健康检查、建立职业健康监护档案或者未将检查结果书面告知劳动者的，应当及时组织检查、建立档案、告知劳动者；未依照本法规定在劳动者离开用人单位时提供职业健康监护档案复印件的，应当提供。

2. 罚款。本条规定的“可以并处”罚款是一种供选择的行政处罚方式，安全生产监督管理部门应当根据用人单位违法行为的情节、改正情况等决定是否采用。罚款的数额，法律也作了明确规定，即五万元以上十万元以下，具体处罚数额由安全生产监督管理部门根据用人单位的违法行为的情节轻重决定。

相关规定

《中华人民共和国职业病防治法》第16条、第26条、第33条、第35条~第36条；《中华人民共和国行政处罚法》第8条、第23条。

第七十二条　用人单位违反本法规定，有下列行为之一的，由安全生产监督管理部门给予警告，责令限期改正，逾期不改正的，处五万元以上二十万元以下的罚款；情节严重的，责令停止产生职业病危害的作业，或者提请有关人民政府按照国务院规定的权限责令关闭：

（一）工作场所职业病危害因素的强度或者浓度超过国家职业卫生标准的；

（二）未提供职业病防护设施和个人使用的职业病防护用品，或者提供的职业病防护设施和个人使用的职业病防护用品不符合国家职业卫生标准和卫生要求的；

（三）对职业病防护设备、应急救援设施和个人使用的职业病防护用品未按照规定进行维护、检修、检测，或者不能保持正常运行、使用状态的；

（四）未按照规定对工作场所职业病危害因素进行检测、评价的；

（五）工作场所职业病危害因素经治理仍然达不到国家职业卫生标准和卫生要求时，未停止存在职业病危害因素的作业的；

（六）未按照规定安排职业病病人、疑似职业病病人进行诊治的；

（七）发生或者可能发生急性职业病危害事故时，未立即采取应急救援和控制措施或者未按照规定及时报告的；

（八）未按照规定在产生严重职业病危害的作业岗位醒目位置设置警示标识和中文警示说明的；

（九）拒绝职业卫生监督管理部门监督检查的；

（十）隐瞒、伪造、篡改、毁损职业健康监护档案、工作场所职业病危害因素检测评价结果等相关资料，或者拒不提供职业病诊断、鉴定所需资料的；

（十一）未按照规定承担职业病诊断、鉴定费用和职业病病人的医疗、生活保障费用的。

条文主旨

本条是关于违反本法强制性规定的 11 种行为应承担的法律责任的规定。

立法背景

2001 年《职业病防治法》第六十五条规定了九种违反该法强制性规定行为的法律责任，2011 年修改后的《职业病防治法》在基本保留上述规定的同时，新增了两种应当承担法律责任的情形。其中第十项“隐瞒、伪造、篡改、毁损职业健康监护档案、工作场所职业病危害因素检测评价结果等相关资料，或者拒不提供职业病诊断、鉴定所需资料的”，主要对应本法第二十四条第一款、第二十六条第二款、第三十六条第一款和第三款以及第四十七条第一款规定的义务；第十一项“未按照规定承担职业病诊断、鉴定费用和职业病病人的医疗、生活保障费用的”，主要对应本法第三十七条第二款、第四十九条第四款、第五十三条第三款、第五十五条第三款规定的义务。

条文解读

本法第十五条规定的产生职业病危害因素的用人单位的设立条件中，第一项就明确规定了用人单位工作场所的职业病危害因素的强度或者浓度应当符合国家职业卫生标准。本法第二十二条规定，用人单位必须采用有效的职业病防护设施并为劳动者提供符合防治职业病要求的个人使用的职业病防护用品，并明确规定：不符合要求的，不得使用。本法第二十五条第三款规定，用人单位应当按照规定对职业病防护设备、应急救援设施和个人使用的职业病防护用品进行经常性的维护、检修，定期检测其性能和效果，并确保其处于正常运行状态。本法第二十六条第二款要求用人单位应当按照国务院安全生产监督管理部门的规定，定期对工作场所职业病危害因素进行检测、评价；本法第二十六条第四款规定，发现工作场所的职业病危害因素的强度或者浓度不符合国家职业卫生标准和卫生要求时，用人单位应当采取相应治理措施，经治理仍然达不到国家职业卫生标准和卫生要求时，必须停止存在职业病危害因素的作业，经治理达到国家职业卫生标准和卫生要求的，方可重新作业。

本法第五十五条第二款要求用人单位应当及时安排对疑似职业病病人进行诊断。本法第五十六条第二款要求用人单位应当按照规定安排职业病病人进行治疗、康复和定期检查。本法第三十七条规定，发生或者可能发生急性职业病危害事故时，用人单位应当立即采取应急救援和控制措施并按照规定及时报告所在地安全生产监督管理部门和有关部门。本法第二十四条第二款规定，在产生严重职业病危害的作业岗位，用人单位应当在醒目位置设置警示标识和中文警示说明。本法第六十六条规定，职业卫生监督执法人员依法执行职务时，被检查单位应当接受检查并予以支持配合，不得拒绝和阻碍。本法第二十四条第一款规定，产生职业病危害的用人单位，应当在醒目位置设置公告栏，公布有关工作场所职业病危害因素检测结果；本法第二十六条第二款规定，用人单位应当按照国务院安全生产监督管理部门的规定，将检测、评价结果存入用人单位职业卫生档案，定期向所在地安全生产监督管理部门报告并向劳动者公布；本法第三十六条第一款规定，用人单位应当为劳动者建立职业健康监护档案，并按照规定的期限妥善保存；第三十六条第三款规定，劳动者离开用人单位时，有权索取本人职业健康监护档案复印件，用人单位应当如实、无偿提供，并在所提供的复印件上签章；本法第四十七条第一款规定，用人单位应当如实提供职业病诊断、鉴定所需的劳动者职业史和职业病危害接触史、工作场所职业病危害因素检测结果等资料。本法第三十七条第二款规定，对遭受或者可能遭受急性职业病危害的劳动者，用人单位应当及时组织救治、进行健康检查和医学观察，所需费用由用人单位承担；本法第四十九条第四款规定，诉讼期间，劳动者的治疗费用按照职业病待遇规定的途径支付；本法第五十三条第三款规定，职业病诊断、鉴定费用由用人单位承担；本法第五十五条第三款规定，疑似职业病病人在诊断、医学观察期间的费用，由用人单位承担。

上述规定均属于法律中的强制性规定，用人单位必须严格遵守，不得违反，否则就要按照本条的规定承担相应的法律责任，包括：

1. 警告。即当安全生产监督管理部门发现用人单位有本条规定的违法行为的，对其给予警告的行政处罚，使其认识自己违法所在和如何改正。同时，安全生产监督管理部门还要责令该用人单位限期改正其违法行为。

2. 罚款。用人单位如果有本条所列的违法行为，在安全生产监督管理部门给予警告后，在规定的期限内仍不改正其违法行为的，安全生产监督管理部门可以对其处以罚款。罚款的数额，法律也进行了规定，即五万元以上二十万元以下，具体数额由安全生产监督管理部门根据用人单位的违法行为情节轻重决定。

3. 责令停业或者关闭。停业、关闭，对企业来说是一种比较严厉的处罚，在处罚时应当慎重，因此本条规定，只有当用人单位违法行为情节严重，有关部门才可以对其处以停业或者关闭的处罚，同时，特别强调，责令关闭的处罚，应当提请有关人民政府按照国务院规定的权限决定。值得注意的是，本条规定的责令停业，是指停止用人单位产生职业病危害的作业，对于用人单位的其他作业，执法机关不能责令其停止。执法机关在行使该项行政处罚时，应当严格依法办事，注意保护企业的合法权益。

相关规定

《中华人民共和国职业病防治法》第15条、第22条、第24条~第26条、第36条、第37条、第49条、第53条、第55条、第56条、第66条；《中华人民共和国行政处罚法》第8条、第23条、第42条。

第七十三条　向用人单位提供可能产生职业病危害的设备、材料，未按照规定提供中文说明书或者设置警示标识和中文警示说明的，由安全生产监督管理部门责令限期改正，给予警告，并处五万元以上二十万元以下的罚款。

条文主旨

本条是关于向用人单位提供可能产生职业病危害的设备、材料的供应商未按照规定履行设备材料的危害告知义务应承担的法律责任的规定。

立法背景

2001年《职业病防治法》规定了向用人单位提供可能产生职业病危害的设备、材料的供应商未按照规定履行设备材料的危害告知义务应承担的法律责任；2011年修改后的《职业病防治法》基本保留了上述规定。2001年《职业病防治法》在第六十六条规定，违反上述义务的，由卫生行政部门进行行政处罚；2011年修改后的《职业病防治法》将行政处罚执法主体调整为安全生产监督管理部门。

条文解读

在实践中，一些设备、材料的供应商向用人单位提供可能产生职业病危害的设备、材料时，没有提供中文说明书，不设置警示标识和中文警示说明，也没有安全注意事项、卫生防护和应急救援措施等内容，使劳动者无法了解其产品特性、存在的有害因素、可能产生的危害后果以及必要的预防和自救知识，从而使其更容易遭受职业病危害。正是针对职业病防治实践中的这种具体情况，本法第二十八条规定，向用人单位提供可能产生职业病危害的设备的，应当提供中文说明书，并在设备的醒目位置设置警示标识和中文警示说明；警示说明应当载明设备的性能、可能产生的职业病危害、安全操作和维护注意事项、职业病防护以及应急救治措施等内容。本法第二十九条规定，向用人单位提供可能产生职业病危害的化学品、放射性同位素和含有放射性物质的材料的，应当提供中文说明书；说明书应当载明产品特性、主要成份、存在的有害因素、可能产生的危害后果、安全使用注意事项、职业病防护以及应急救治措施等内容；产品包装应当有醒目的警示标识和中文警示说明。贮存上述材料的场所应当在规定的部位设置危险物品标识或者放射性警示标识。对于这两条规定，设备、材料的供应商应当严格遵守，违反者就要按照本条的规定承担相应的法律责任。

根据本条规定，向用人单位提供可能产生职业病危害的设备、材料的供应商，未履行危害告知义务的，应当承担以下法律责任：

1. 警告。即由安全生产监督管理部门对违法的供应商给予告诫，使其认识自己违法所在和如何改正。同时，安全生产监督管理部门还应当按照《行政处罚法》第二十二条的规定，责令其限期改正违法行为，即责令设备、材料的供应商应当在规定的期限内改正其违法行为，按照规定提供中文说明书或者设置警示标识和中文警示说明。

2. 罚款。向用人单位提供可能产生职业病危害的设备、材料的供应商未履行危害告知义务的，安全生产监督管理部门在给予警告的同时还应对其同时处以罚款。罚款的幅度为五万元以上二十万元以下，具体数额由安全生产监督管理部门根据当事人的违法行为的情节轻重决定。

相关规定

《中华人民共和国职业病防治法》第 28 条～第 29 条；《中华人民共和国行政处罚法》第 8 条、第 23 条。

第七十四条　用人单位和医疗卫生机构未按照规定报告职业病、疑似职业病的，由有关主管部门依据职责分工责令限期改正，给予警告，可以并处一万元以下的罚款；弄虚作假的，并处二万元以上五万元以下的罚款；对直接负责的主管人员和其他直接责任人员，可以依法给予降级或者撤职的处分。

条文主旨

本条是关于用人单位和医疗卫生机构未按照规定报告职业病、疑似职业病应承担的法律责任的规定。

立法背景

2001 年的《职业病防治法》规定了用人单位和医疗卫生机构发现职业病病人或者疑似职业病病人时的报告义务，并在第六十七条规定了相应的法律责任。2011 年修改后的《职业病防治法》保留了上述规定。

条文解读

本法第五十条规定，用人单位和医疗卫生机构发现职业病病人或者疑似职业病病人时，应当及时向所在地卫生行政部门和安全生产监督管理部门报告；确诊为职业病的，用人单位还应当向所在地劳动保障行政部门报告；接到报告的部门应当依法作出处理。这是关于职业病报告的规定。职业病报告是职业病防治管理的重要内容，是进行职业病防治执法成本效益分析、了解和掌握职业病现状和发展趋势以及职业危害的预防控制状态的主要手段，是政府职业卫生管理决策的重要根据。用人单位和医疗卫生机构应当按照规定，准确、及时、全面、规范地履行职业病报告义务，不得违反，否则就要按照本条的规定承担相应的法律责任。

根据本条规定，用人单位和医疗卫生机构未按照规定报告职业病、疑似职业病的，由有关主管部门进行行政处罚。同时还要承担以下法律责任：

1. 警告。即有关主管部门发现未履行职业病报告义务的用人单位和医疗卫生机构时，对其给予告诫，使其认识自己违法所在和如何改正。同时，有关主管部门还应当责令其限期改正，及时报告职业病、疑似职业病情况。

2. 罚款。本条规定的罚款根据用人单位和医疗卫生机构违法行为的不同，分为两种情况：第一，对于仅是未按照规定进行报告的用人单位和医疗卫生机构，可以处以罚款，这是供选择的行政处罚方式，有关行政机关应当根据违法行为的情节、改正情况等决定是否采用，罚款的幅度是一万元以下；第二，对于弄虚作假的用人单位和医疗卫生机构，有关主管部门应对其同时处以罚款，罚款的幅度是二万元到五万元，具体数额由行政机关根据违法单位的违法行为的情节轻重决定。

3. 对直接负责的主管人员和其他直接责任人员，依法给予处分。根据本法第五十条的规定，负有职业病报告义务的是用人单位和医疗卫生机构，即通常所说的单位。单位不履行职业病报告义务，法律责任应由单位承担。但是，单位作为一个社会系统，它的主体是自然人，单位整体的活动是通过有意识、有目的的自然人的自觉活动实现的。单位只是一个人格化的社会关系主体，其违法行为的整体意志的形成和违法的整体行为的实施，都有赖于作为其构成要素的自然人。因此，为了有效地防止单位违法，除了必须追究单位的责任外，对负有重大责任的单位成员也必须追究其责任。因此，本条规定，对单位直接负责的主管人员和其他直接责任人员给予处分。此处“直接负责的主管人员”是指在单位违法行为中负有直接领导责任的人员，包括违法行为的决策人，事后对单位违法行为予以认可和支持的领导人员以及由于疏于管理或放任，因而对单位违法行为负有不可推卸责任的领导人员；“其他直接责任人员”是指直接实施单位违法行为的人员。

处分一般包括行政处分和纪律处分。行政处分是指国家机关、企事业单位依法给隶属于它的犯有轻微违法行为人员的一种制裁性处理。纪律处分，是指违反单位内部制定的纪律而受到的制裁，由各单位根据其单位纪律的规定，向违反纪律的行为人作出。目前，我国规定的行政处分主要限于下列领域：行政机关对国家公务员的处分、对国有和集体企业职工的处分等。根据行政监察法的规定，对于国家公务员的行政处分包括：警告、记过、记大过、降级、撤职、开除6种。根据1994年原国家经济贸易委员会、国家经济体制改革委员会、劳动部联合发布的《国有企业厂长（经理）奖惩办法》的规定，对于国有企业的厂长（经理）的行政处分包括：降职、撤职、辞退或解聘。本条对单位直接负责的主管人员和其他直接责任人员给予处分的具体形式是降级和撤职两种，由有关主管部门依法根据实际情况对违法行为人择一适用。

相关规定

《中华人民共和国职业病防治法》第5条；《中华人民共和国行政处罚法》第8条、第23条；《中华人民共和国行政监察法》第24条；《中华人民共和国公务员法》第56条；《国有企业厂长（经理）奖惩办法》第18条。

第七十五条　违反本法规定，有下列情形之一的，由安全生产监督管理部门责令限期治理，并处五万元以上三十万元以下的罚款；情节严重的，责令停止产生职业病危害的作业，或者提请有关人民政府按照国务院规定的权限责令关闭：

（一）隐瞒技术、工艺、设备、材料所产生的职业病危害而采用的；

（二）隐瞒本单位职业卫生真实情况的；

（三）可能发生急性职业损伤的有毒、有害工作场所、放射工作场所或者放射性同位素的运输、贮存不符合本法第二十五条规定的；

（四）使用国家明令禁止使用的可能产生职业病危

害的设备或者材料的；

（五）将产生职业病危害的作业转移给没有职业病防护条件的单位和个人，或者没有职业病防护条件的单位和个人接受产生职业病危害的作业的；

（六）擅自拆除、停止使用职业病防护设备或者应急救援设施的；

（七）安排未经职业健康检查的劳动者、有职业禁忌的劳动者、未成年工或者孕期、哺乳期女职工从事接触职业病危害的作业或者禁忌作业的；

（八）违章指挥和强令劳动者进行没有职业病防护措施的作业的。

条文主旨

本条是关于8种违反本法强制性规定的行为应承担的法律责任的规定。

立法背景

在劳动过程中采取相应防护措施、做到符合客观规律安全生产并依法履行有关告知义务是职业病防治的关键。对此，本法第二十五条、第三十条至第三十五条、第三十八条以及第三十九条规定了若干用人单位应当遵守的强制性规定。本条是对用人单位违反上述条文规定行为的法律责任的规定。2011年修改后的《职业病防治法》根据第九条关于职业卫生监管职责调整的有关规定，将2001年《职业病防治法》第六十八条规定由卫生行政部门给予行政处罚等制裁，修改为由安全生产监督管理部门给予制裁。另外，2011年修改后的《职业病防治法》对

2001年《职业病防治法》第二十九条作了修改，增加了用人单位对采用的设备应当知悉其产生的职业病危害，以及对有职业病危害的设备隐瞒其危害而采用时对所造成的职业病危害后果承担责任的规定。相应地，本条第一项也作出了修改，增加了相关内容。

条文解读

本法第三十二条规定，用人单位隐瞒技术、工艺、设备、材料所产生的职业病危害而采用的，对所造成的职业病危害后果承担责任；本法第二十五条规定，对可能发生急性职业损伤的有毒、有害工作场所，用人单位应当设置报警装置，配置现场急救用品、冲洗设备、应急撤离通道和必要的泄险区，对放射工作场所或者放射性同位素的运输、贮存，用人单位必须配置防护设备和报警装置，保证接触放射线的工作人员佩戴个人剂量计；本法第三十条规定，禁止任何单位和个人使用国家明令禁止使用的可能产生职业病危害的设备或者材料；本法第三十一条规定，任何单位和个人不得将产生职业病危害的作业转移给没有职业病防护条件的单位和个人，没有职业病防护条件的单位和个人不得接受产生职业病危害的作业；本法第二十五条第三款要求用人单位不得擅自拆除或者停止使用职业病防护设备和应急救援设施；本法第三十五条要求用人单位不得安排未经职业健康检查的劳动者、有职业禁忌的劳动者从事接触职业病危害的作业或者禁忌作业，本法第三十八条要求用人单位不得安排未成年工或者孕期、哺乳期女职工从事接触职业病危害的作业；本法第三十九条第一款第六项规定劳动者有拒绝违章指挥和强令进行没有职业病防护措施的作业的权利。同时，为了更好地预防职业病，保护劳动者健康，用人单位应当如实向劳动者以及有关部门公告本企业的职业卫生真实情况，不得隐瞒。任何单位和个人都不得违反上述规定，否则就要按照本条的规定承担相应的法律责任。

根据本条规定，安全生产监督管理部门发现任何单位和个人有上述违法行为的，首先应当责令其停止该违法行为，并限期治理。违法的单位和个人同时还应当承担以下法律责任：

1. 罚款。罚款的数额是五万元以上三十万元以下，具体数额由安全生产监督管理部门根据违法行为情节的轻重决定。

2. 情节严重的，责令停业、关闭。停业、关闭，对企业来说是一种比较严厉的处罚，在处罚时应当慎重，因此本条规定，只有当用人单位违法行为情节严重时，方可给予其这种处罚。同时明确规定，责令关闭的处罚应提请有关人民政府按照国务院规定的权限决定。

相关规定

《中华人民共和国职业病防治法》第 25 条、第 30 条~第 32 条、第 35 条、第 38 条~第 39 条；《中华人民共和国行政处罚法》第 8 条、第 23 条。

第七十六条　生产、经营或者进口国家明令禁止使用的可能产生职业病危害的设备或者材料的，依照有关法律、行政法规的规定给予处罚。

条文主旨

本条是关于生产、经营或者进口国家明令禁止使用的可能产生职业病危害的设备或者材料应承担的法律责任的规定。

立法背景

生产、经营或者进口国家明令禁止使用的可能产生职业病危害的设备或者材料是本法明确禁止的行为，违反这一规定的，应当承担相应的法律责任。

条文解读

本法第三十条规定，任何单位和个人不得生产、经营和进口国家明令禁止使用的可能产生职业病危害的设备或者材料。这主要是因为，这些设备和材料多是性能落后，耗能高，效能小，环境污染严重，毒副反应大，对人体健康或者人身、财产安全和动植物安全危害较大的产品，因此国家对其给予明令淘汰，禁止任何单位生产、经营或者进口。任何单位和个人都不得违反，否则就要按照本条的规定承担相应的法律责任。

根据本条规定，生产、经营或者进口国家明令禁止使用的可能产生职业病危害的设备或者材料的，由相关部门依照有关法律、行政法规的规定给予处罚。如《产品质量法》第二十九条规定，生产者不得生产国家明令淘汰的产品；第三十五条规定，销售者不得销售国家明令淘汰并停止销售的产品。对于违法者由产品质量监督部门或者工商行政管理部门根据《产品质量法》第五十一条的规定给予没收、罚款直至吊销营业执照的行政处罚。其他有关法律、行政法规对本条规定的违法行为规定处罚的，也应依照有关规定执行。

相关规定

《中华人民共和国职业病防治法》第 30 条；《中华人民共和国产品质量法》第 29 条、第 35 条、第 51 条。

第七十七条　用人单位违反本法规定，已经对劳动者生命健康造成严重损害的，由安全生产监督管理部门责令停止产生职业病危害的作业，或者提请有关人民政府按照国务院规定的权限责令关闭，并处十万元以上五十万元以下的罚款。

条文主旨

本条是关于用人单位违反本法规定，对劳动者生命健康造成严重损害应承担的法律责任的规定。

立法背景

在2011年职业病防治法修改过程中，有些常委委员、代表、部门和地方提出，对用人单位违反本法规定并已经对劳动者生命健康造成严重损害的违法行为的制裁力度不够，应当加大处罚力度。2011年修改后的《职业病防治法》将2001年《职业病防治法》第七十条规定的“处以十万元以上三十万元以下”罚款的上限提高到五十万元。即通过提高违法成本的办法来震慑、预防并惩治用人单位的前述违法行为。另外，2011年修改后的《职业病防治法》根据第九条关于职业卫生监管职责调整的有关规定，将2001年《职业病防治法》第六十二条规定由卫生行政部门给予行政处罚等制裁，修改为由安全生产监督管理部门给予制裁。

条文解读

一、本法的有关规定，对于防治职业病，保护劳动者健康来说是非常重要的，用人单位应当严格遵守，不得违反。如果用人单位违反本法的规定，并且该违法行为已经对劳动者的生命健康造成了严重损害，则由安全生产监督管理部门根据本条的规定对用人单位进行处罚。

根据本条规定，用人单位违反本法规定，已经对劳动者生命健康造成严重损害的，由安全生产监督管理部门责令停止产生职业病危害的作业，或者提请有关人民政府按照国务院规定的权限责令用人单位关闭。这里所讲的“责令停止产生职业病危害的作业”，属于《行政处罚法》第八条规定的行政处罚的一种，是指行政机关对违反行政管理秩序的单位，限其在一定期限内停止生产或经营活动的一种行政处罚，属于行为罚。这里所讲的责令关闭，是指行政机关对违反行政管理秩序的单位，依法剥夺其从事某项生产和经营活动的权利的一种行政处罚。用人单位违反本法的有关规定，对劳动者健康已经产生严重损害，这已经构成了严重的违法行为，因此安全生产监督管理部门应当立即责令用人单位停止产生职业病危害的作业，或者在必要的情况下，提请有关人民政府按照国务院规定的权限责令其关闭。

同时，对于有本条规定的违法行为的用人单位，安全生产监督管理部门还应同时对其处以罚款的行政处罚，罚款的幅度是十万元以上五十万元以下，具体数额由处罚机关根据实际情况决定。

二、本条规定的处罚对象必须满足两个条件：第一，违反了本法的有关规定；第二，违法行为已经对劳动者的生命健康造成了严重的损害。这两个条件缺一不可。对于违反本法的有关规定，但尚未对劳动者生命健康造成严重损害的，应当按照本法法律责任一章其他条款的规定对其进行处罚。此外，值得注意的是，如果按照本条和本法中的其他条款均可对用人单位的某一行为进行处罚时（例如用人单位违反本法第二十六条第四款，在工作场所职业病危害因素经治理仍然达不到国家职业卫生标准和要求时，未停止存在职业病危害因素的作业，从而对劳动者健康造成了严重的损害，这个时候，根据本条和本法第七十二条均可以对用人单位进行处罚），行政执法机关应当严格遵守《行政处罚法》第二十四条关于对当事人的同一个违法行为不得给予两次以上罚款的行政处罚的规定，只能选择一个条款给予当事人一次处罚。

相关规定

《中华人民共和国行政处罚法》第8条。

第七十八条　用人单位违反本法规定，造成重大职业病危害事故或者其他严重后果，构成犯罪的，对直接负责的主管人员和其他直接责任人员，依法追究刑事责任。

条文主旨

本条是关于对违反本法规定并且构成犯罪的用人单位的有关人员追究刑事责任的规定。

立法背景

重大职业病危害事故对经济社会发展和劳动者健康权益的损害尤为巨大，必须依法追究有关人员的刑事责任。

条文解读

本条所称的职业病危害事故，是指存在于工作场所的职业病危害因素由于某种意外原因，如违反操作规程、职业病防护设施不能正常工作等，对劳动者的生命健康造成重大损害，如因毒气泄漏引起急性中毒事故等。本条所称的“直接负责的主管人员”是指在单位违法行为中负有直接领导责任的人员，包括违法行为的决策人，事后对单位违法行为予以认可和支持的领导人员以及由于疏于管理或放任，因而对单位违法行为负有不可推卸责任的领导人员；“其他直接责任人员”是指直接实施违法行为的人员。这里所讲的“依法追究刑事责任”，是指按照刑法有关重大责任事故罪的规定，对有关当事人进行处罚。

《刑法》第一百三十四条规定了重大责任事故罪，根据2006年6月29日十届全国人大常委会第二十二次会议通过的《刑法修正案（六）》的规定，即“在生产、作业中违反有关安全管理的规定，因而发生重大伤亡事故或者造成其他严重后果的，处三年以下有期徒刑或者拘役；情节特别恶劣的，处三年以上七年以下有期徒刑。强令他人违章冒险作业，因而发生重大伤亡事故或者造成其他严重后果的，处五年以下有期徒刑或者拘役；情节特别恶劣的，处五年以上有期徒刑”。构成本罪必须具备以下条件：（1）构成本罪的主体是在生产、作业中的有关人员，包括普通工人和管理者；（2）行为人主观上是过失；（3）行为人的犯罪行为主要表现为两个方面，一是违反有关安全管理的规定，因而发生重大伤亡事故或者造成其他严重后果，二是强令他人违章冒险作业，因而发生重大伤亡事故或者造成其他严重后果；（4）行为人的行为必须是导致发生重大伤亡事故或者造成其他严重后果的。

《刑法》第一百三十五条规定了对安全生产设施或者安全生产条件不符合国家规定因而发生重大伤亡事故或者造成其他

严重后果的犯罪的处罚。根据2006年6月29日十届全国人大常委会第二十二次会议通过的《刑法修正案（六）》的规定，即“安全生产设施或者安全生产条件不符合国家规定，因而发生重大伤亡事故或者造成其他严重后果的，对直接负责的主管人员和其他直接责任人员，处三年以下有期徒刑或者拘役；情节特别恶劣的，处三年以上七年以下有期徒刑”。构成本罪必须具备以下条件：（1）构成本罪的主体是单位，但对直接责任人员和其他直接责任人员判处刑罚；（2）单位的安全生产设施或者安全生产条件，不符合国家规定；（3）必须是发生了重大伤亡事故或者造成其他严重后果，这是罪与非罪的界限。

《刑法》第一百三十六条规定了违反危险物品管理规定造成重大事故的犯罪的处罚，即“违反爆炸性、易燃性、放射性、毒害性、腐蚀性物品的管理规定，在生产、储存、运输、使用中发生重大事故，造成严重后果的，处三年以下有期徒刑或者拘役；后果特别严重的，处三年以上七年以下有期徒刑”。构成本罪必须具备以下条件：（1）构成本罪的主体是从事生产、储存、运输、使用危险物品的工作的人员；（2）行为人在主观上出于过失；（3）行为人在客观上违反了国家关于危险品管理的规定；（4）发生了重大事故造成了严重后果。

如果用人单位及其工作人员违反本法的有关规定，造成重大职业病危害事故或者其他严重后果，且行为符合上述刑法规定的犯罪或者刑法其他条款规定的犯罪的构成要件，则要根据相应规定承担刑事责任。

相关规定

《中华人民共和国刑法》第134条~第136条。

第七十九条　未取得职业卫生技术服务资质认可擅自从事职业卫生技术服务的，或者医疗卫生机构未经批准擅自从事职业健康检查、职业病诊断的，由安全生产监督管理部门和卫生行政部门依据职责分工责令立即停止违法行为，没收违法所得；违法所得五千元以上的，并处违法所得二倍以上十倍以下的罚款；没有违法所得或者违法所得不足五千元的，并处五千元以上五万元以下的罚款；情节严重的，对直接负责的主管人员和其他直接责任人员，依法给予降级、撤职或者开除的处分。

条文主旨

本条是关于对未取得职业卫生技术服务资质认可擅自从事职业卫生技术服务的，或者医疗卫生机构未经批准擅自从事职业健康检查、职业病诊断的违法行为的法律责任的规定。

立法背景

2011 年修改后的《职业病防治法》对 2001 年《职业病防治法》第十七条、第二十四条关于职业病危害预评价、危害控制效果评价以及职业病危害因素检测、评价机构由卫生行政部门予以资质认可的规定作了修改：一是根据本法第九条关于职业卫生监管职责调整的有关规定，将予以资质认可的部门修改为安全生产监督管理部门；二是按照《中华人民共和国认证认可条例》的有关规定将相关资质的“认证”修改为“认可”。相应地，对于未取得职业卫生技术服务资质认可擅自从事职业卫生技术服务的违法行为，即由安全生产监督管理部门依法实施处罚。对于医疗卫生机构未经批准擅自从事职业健康检查、职业病诊断的，仍由卫生行政部门依法实施处罚。

条文解读

职业卫生技术服务在职业病防治中具有极其重要的作用，因此本法第二十六条第三款规定，职业病危害因素检测、评价由依法设立的取得国务院安全生产监督管理部门或者设区的市级以上地方人民政府安全生产监督管理部门按照职责分工给予资质认可的职业卫生技术服务机构进行，这有利于保证向委托方提供的结果和数据资料的真实性。

提供职业病检查、诊断与治疗服务必须是具备一定的专业技术并能够达到职业卫生服务要求的机构才能够开展的工作，否则可能造成严重的经济损失和劳动者健康损害。这主要是因为职业病不是一般的疾病，其发病原因也与一般疾病有所不同，而且发病人群为职业人群，所以诊断技术和诊断根据也与一般的临床诊断有所区别，普通的医务人员是不容易诊断出职业病的，因此，根据本法第三十五条、第四十三条的规定，职业健康检查、职业病诊断应当分别由经省级以上人民政府卫生行政部门和省、自治区、直辖市人民政府卫生行政部门批准的医疗卫生机构承担。违反上述规定，未取得职业卫生技术服务资质认可擅自从事职业卫生技术服务的，或者医疗卫生机构未经批准擅自从事职业健康检查、职业病诊断的，就要根据本条的规定承担相应的法律责任。

根据本条规定，未取得职业卫生技术服务资质认可擅自从事职业卫生技术服务的，或者医疗卫生机构未经批准擅自从事职业健康检查、职业病诊断的，分别由安全生产监督管理部门和卫生行政部门责令其立即停止违法行为，同时还要对其进行如下处罚：

1. 没收违法所得。没收违法所得，是指行政机关根据法律、法规的规定，将当事人的非法所得强制无偿收归国有的一种行政处罚。此处所称违法所得，是指未取得职业卫生技术服务资质认可擅自从事职业卫生技术服务以及未经批准擅自从事职业健康检查、职业病诊断的当事人通过提供服务、检查、诊断所获得的金钱收入和其他财物。

2. 罚款。本条规定的罚款分为两种情况：第一，对于违法所得五千元以上的，并处违法所得二倍以上十倍以下的罚款；对于没有违法所得或者违法所得不足五千元的，并处五千元以上五万元以下的罚款。

3. 情节严重的，对直接负责的主管人员和其他直接责任人员，依法给予处分。处分的具体形式包括降级、撤职和开除三种，由安全生产监督管理部门或者卫生行政部门依法根据实际情况对违法行为人择一适用。

相关规定

《中华人民共和国职业病防治法》第 26 条、第 35 条、第 43 条；《中华人民共和国行政处罚法》第 8 条、第 23 条；《中华人民共和国认证认可条例》第 9 条。

第八十条　从事职业卫生技术服务的机构和承担职业健康检查、职业病诊断的医疗卫生机构违反本法规定，有下列行为之一的，由安全生产监督管理部门和卫生行政部门依据职责分工责令立即停止违法行为，给予警告，没收违法所得；违法所得五千元以上的，并处违法所得二倍以上五倍以下的罚款；没有违法所得或者违法所得

不足五千元的，并处五千元以上二万元以下的罚款；情节严重的，由原认可或者批准机关取消其相应的资格；对直接负责的主管人员和其他直接责任人员，依法给予降级、撤职或者开除的处分；构成犯罪的，依法追究刑事责任：

（一）超出资质认可或者批准范围从事职业卫生技术服务或者职业健康检查、职业病诊断的；

（二）不按照本法规定履行法定职责的；

（三）出具虚假证明文件的。

条文主旨

本条是关于从事职业卫生技术服务的机构和承担职业健康检查、职业病诊断的医疗卫生机构违反本法规定应当承担的法律责任的规定。

立法背景

职业卫生技术服务机构和承担职业健康检查、职业病诊断的医疗卫生机构在职业病防治中处于重要地位。本法第二十六条、第三十五条和第四十三条对上述机构在职业病防治中的职责作了明确规定。2011 年修改后的《职业病防治法》根据本法第九条关于职业卫生监管职责调整的有关规定，将 2001 年《职业病防治法》第七十三条规定的由卫生行政部门给予行政处罚等制裁修改为由安全生产监督管理部门和卫生行政部门根据职责分工给予制裁。

条文解读

根据本法第二十六条第三款的规定，职业病危害因素检测、评价由依法设立的取得国务院安全生产监督管理部门或者设区的市级以上地方人民政府安全生产监督管理部门按照职责分工给予资质认可的职业卫生技术服务机构进行。职业卫生技术服务机构所作评价、检测应当客观、真实。本法第三十五条第三款规定，职业健康检查应当由省级以上人民政府卫生行政部门批准的医疗卫生机构承担。根据本法第四十三条第一款的规定，符合法定条件的医疗卫生机构，经省、自治区、直辖市人民政府卫生行政部门批准，承担职业病诊断。

根据上述条款的规定，从事职业卫生技术服务的机构和承担职业健康检查、职业病诊断的医疗卫生机构应该在资质认可和批准范围内客观、公正地进行检测、评价、检查和诊断，所作结论应当客观、真实，不得超出资质认可或者批准范围从事职业卫生技术服务或者职业健康检查、职业病诊断，不得出具虚假证明文件。

根据本条规定，从事职业卫生技术服务的机构和承担职业健康检查、职业病诊断的医疗卫生机构有本条所列违法行为的，由安全生产监督管理部门和卫生行政部门根据职责分工责令立即停止违法行为，同时其须承担下列法律责任：

1. 警告。即当安全生产监督管理部门发现职业卫生技术服务机构有本条所列的违法行为或者卫生行政部门发现医疗卫生机构有本条所列的违法行为，对其给予告诫，使其认识自己违法行为所在和如何改正。

2. 没收违法所得。即由安全生产监督管理部门和卫生行政部门根据职责分工将该职业卫生技术服务机构或者医疗卫生机构通过违法从事提供服务、检查、诊断活动所获得的金钱收入和其他财物，强制无偿收归国有。

3. 罚款。违法所得五千元以上的，并处违法所得二倍以上五倍以下的罚款；对于没有违法所得或者违法所得不足五千元的，并处五千元以上二万元以下的罚款。

4. 情节严重的，由原认可或者批准机关取消其相应的资格。即职业卫生技术服务机构有本条所列违法行为，情节严重的，由原来给予其资质认可的国务院安全生产监督管理部门或者设区的市级以上地方人民政府安全生产监督管理部门撤销对其的资质认可，其不得再继续从事职业卫生技术服务工作；承担职业健康检查的医疗卫生机构有本条所列违法行为，情节严重的，由原来批准其从事职业健康检查的省级以上卫生行政部门取消对其的批准，其不得再继续从事职业健康检查；承担职业病诊断的医疗卫生机构有本条所列违法行为，情节严重的，由原批准其承担职业病诊断的省、自治区、直辖市人民政府卫生行政部门取消对其的批准，其不得再继续承担职业病诊断。

5. 对直接负责的主管人员和其他直接责任人员，依法给予处分。处分的具体形式为降级、撤职和开除，由安全生产监督管理部门和卫生行政部门根据职责分工，依法根据实际情况对违法行为人择一适用。

6. 构成犯罪的，依法追究刑事责任。此处所指的“依法追究刑事责任”，主要是指按照《刑法》第二百二十九条出具虚假证明文件罪的规定，追究有关当事人的刑事责任。《刑法》第二百二十九条规定：“承担资产评估、验资、验证、会计、审计、法律服务等职责的中介组织的人员故意提供虚假证明文件，情节严重的，处五年以下有期徒刑或者拘役，并处罚金。前款规定的人员，索取他人财物或者非法收受他人财物，犯前款罪的，处五年以上十年以下有期徒刑，并处罚金。第一款规定的人员，严重不负责任，出具的证明文件有重大失实，造成严重后果的，处三年以下有期徒刑或者拘役，并处或者单处罚金。”同时根据《刑法》第二百三十一条的规定，单位犯该罪的，对单位判处罚金，并对直接负责的主管人员和其他直接责任人员，依照《刑法》第二百二十九条的规定处罚。

相关规定

《中华人民共和国职业病防治法》第 26 条、第 35 条、第 43 条；《中华人民共和国行政处罚法》第 8 条、第 23 条；《中华人民共和国刑法》第 229 条、第 231 条。

第八十一条　职业病诊断鉴定委员会组成人员收受职业病诊断争议当事人的财物或者其他好处的，给予警告，没收收受的财物，可以并处三千元以上五万元以下的罚款，取消其担任职业病诊断鉴定委员会组成人员的资格，并从省、自治区、直辖市人民政府卫生行政部门设立的专家库中予以除名。

条文主旨

本条是关于职业病诊断鉴定委员会组成人员违法行为的法律责任的规定。

立法背景

职业病诊断鉴定委员会组成人员遵守职业道德，客观、公正进行诊断鉴定是做好职业病诊断鉴定工作的重要条件。本法第五十四条第一款对职业病诊断鉴定委员会组成人员的职业道德作了规定，本条是对其违反职业道德的法律责任的规定。2011 年《职业病防治法》修改对此未作改动。

条文解读

根据本法第五十四条第一款规定，职业病诊断鉴定委员会组成人员应当遵守职业道德，客观、公正地进行诊断鉴定，不得收受当事人的财物或者其他好处。职业病诊断鉴定委员会组成人员违反上述规定，则须依照本条的规定承担相应的责任。

根据本条规定，职业病诊断鉴定委员会组成人员违反本法规定，应当承担以下法律责任：

1. 给予警告。即有关行政监督部门发现职业病诊断鉴定委员会组成人员有本条规定的违法行为时，对其提出告诫，使其认识自己违法所在和如何改正的一种行政处罚，属于申诫罚。

2. 没收财物。职业病诊断鉴定委员会组成人员应当遵守职业道德，客观公正地进行诊断鉴定，不得私下接触当事人，不得收受当事人的财物或者其他好处，否则就构成违法，其收受的财物就成为非法财物，应由有关行政监督部门强制无偿收归国有。

3. 罚款。本条规定的“可以并处”罚款是一种供选择的行政处罚方式，有关行政机关应根据行为人违法行为的情节等情况决定是否采用。罚款的金额为三千元以上五万元以下，具体处罚数额由行政执法机关根据行为人违法行为情节的轻重决定。

4. 取消担任职业病诊断鉴定委员会组成人员的资格，并从省、自治区、直辖市人民政府卫生行政部门设立的专家库中予以除名。

相关规定

《中华人民共和国职业病防治法》第53条~第54条。

第八十二条　卫生行政部门、安全生产监督管理部门不按照规定报告职业病和职业病危害事故的，由上一级行政部门责令改正，通报批评，给予警告；虚报、瞒报的，对单位负责人、直接负责的主管人员和其他直接责任人员依法给予降级、撤职或者开除的处分。

条文主旨

本条是关于卫生行政部门、安全生产监督管理部门不按照规定报告职业病和职业病危害事故应承担的法律责任的规定。

立法背景

职业病和职业病危害事故报告制度是职业病防治管理的重要内容，是了解职业病和职业病危害事故现状的主要手段，是政府职业卫生管理决策根据之一。2011年修改后的《职业病防治法》根据本法第九条关于职业卫生监管职责调整的有关规定，将2001年《职业病防治法》第七十五条规定的不按照规定报告职业病和职业病危害事故的违法主体由卫生行政部门修改为卫生行政部门、安全生产监督管理部门。

条文解读

卫生行政部门、安全生产监督部门作为职业卫生监督管理部门，对职业病和职业病危害事故有依法报告的职责。本法第五十一条规定，县级以上地方人民政府卫生行政部门负责本行政区域内的职业病统计报告的管理工作，并按照规定上报。本法第三十七条规定，发生或者可能发生急性职业病危害事故时，用人单位应当及时报告所在地安全生产监督管理部门和有关部门。在接到有关职业病和职业病危害事故的报告后，卫生行政部门、安全生产监督部门应当按照有关规定，依法报告职业病和职业病危害事故等情况，不得虚报、瞒报，违反者根据本条的规定接受处分。

根据本条规定，卫生行政部门、安全生产监督管理部门不按照规定报告职业病和职业病危害事故的，首先由上一级行政部门责令改正，同时还要接受以下处分：通报批评，给予警告；虚报、瞒报的，对单位负责人、直接负责的主管人员和其他直接责任人员依法给予降级、撤职或者开除的处分。

1. 警告，并通报批评。这里的“警告”是行政处分，是由行政监察机关或者上级行政机关对违法的下级行政机关或者隶属于它的工作人员的一种行政处分。

2. 虚报、瞒报的，对单位负责人、直接负责的主管人员和其他直接责任人员依法给予行政处分。这里的“直接负责的主管人员”是指在单位违法行为中负有直接领导责任的人员，包括违法行为的决策人，事后对单位违法行为予以认可和支持的领导人员以及由于疏于管理或放任，因而对单位违法行为负有不可推卸责任的领导人员；“其他直接责任人员”是指直接实施单位违法行为的人员；“单位负责人”是指单位的主要领导人，即使其对单位的违法行为不负有领导责任，为了加重单位的责任，也可以对其给予行政处分。具体的处分形式包括降级、撤职和开除，由上一级行政部门根据具体情况择一适用。

相关规定

《中华人民共和国职业病防治法》第 51 条；《中华人民共和国行政监察法》第 23 条。

第八十三条　县级以上地方人民政府在职业病防治工作中未依照本法履行职责，本行政区域出现重大职业病危害事故、造成严重社会影响的，依法对直接负责的主管人员和其他直接责任人员给予记大过直至开除的处分。

县级以上人民政府职业卫生监督管理部门不履行本法规定的职责，滥用职权、玩忽职守、徇私舞弊，依法对直接负责的主管人员和其他直接责任人员给予记大过或者降级的处分；造成职业病危害事故或者其他严重后果的，依法给予撤职或者开除的处分。

条文主旨

本法是关于县级以上地方人民政府和县级以上人民政府职业卫生监督管理部门不依照本法履行职责的法律责任的规定。

立法背景

本法第十条和第九条分别对县级以上地方人民政府和县级以上人民政府职业卫生监督管理部门在职业病防治工作中的职

责作出了规定。2011年修改后的《职业病防治法》根据第十条第二款关于县级以上地方人民政府统一负责本行政区域职业病防治工作的新增规定，对县级以上地方人民政府未依照本法履行法定职责规定了法律责任，根据第九条关于职业卫生监管职责的有关规定，对职业卫生监督管理部门不履行本法规定的职责规定了法律责任。

条文解读

1. 本法第十条第二款规定，县级以上地方人民政府统一负责、领导、组织、协调本行政区域的职业病防治工作，建立健全职业病防治工作体制、机制，统一领导、指挥职业卫生突发事件应对工作；加强职业病防治能力建设和服务体系建设，完善、落实职业病防治工作责任制。根据本条规定，县级以上地方人民政府在职业病防治工作中未依照本法履行职责，本行政区域出现重大职业病危害事故、造成严重社会影响的，直接负责的主管人员和其他直接责任人员应依法承担法律责任。

这里的“直接负责的主管人员”是指违法行为的决策人、事后对单位违法行为予以认可和支持的领导人员、由于疏于管理或放任而对单位违法行为负有不可推卸责任的领导人员。“其他直接责任人员”是指直接实施违法行为的人员。根据违法行为的性质、情节及危害程度，由有权机关按照管理权限对直接负责的主管人员和其他直接责任人员决定给予记大过、降级、撤职或者开除的处分。

2. 根据本法第九条规定，国务院安全生产监督管理部门、卫生行政部门、劳动保障行政部门依照本法和国务院确定的职责，负责全国职业病防治的监督管理工作。县级以上地方人民政府安全生产监督管理部门、卫生行政部门、劳动保障行政部门根据各自职责，负责本行政区域内职业病防治的监督管理工作。县级以上人民政府安全生产监督管理部门、卫生行政部门、劳动保障行政部门，统称为职业卫生监督管理部门。本法第五章对职业卫生监督管理部门履行监督检查职责作了规定。如果上述职业卫生监督管理部门不履行本法规定的职责，滥用职权、玩忽职守、徇私舞弊，直接负责的主管人员和其他直接责任人员应依法承担法律责任。

相关规定

《中华人民共和国职业病防治法》第9条~第10条、第62条~第68条；《中华人民共和国公务员法》第56条。

第八十四条　违反本法规定，构成犯罪的，依法追究刑事责任。

条文主旨

本法是关于违反本法规定，构成犯罪的，依法追究刑事责任的规定。

立法背景

在2011年职业病防治法修改过程中，一些常委委员、代表、部门和地方提出，法律责任部分有的规定对违法行为的制裁力度不够，应当加大处罚力度，建议增加关于违反本法规定，构成犯罪的，依法追究刑事责任的规定。修改后的职业病防治法采纳了这一意见。

条文解读

刑事责任，是指具有刑事责任能力的行为人实施了刑法所禁止的行为而必须承担的法律后果。在本法第六章法律责任一章中规定的违反职业病防治法的行为中，有些行为已触犯了刑法的规定，应当依照刑法规定追究刑事责任。本法第七十八条和第八十条分别对用人单位及从事职业卫生技术服务的机构、医疗卫生机构违反本法规定，构成犯罪的，依法追究刑事责任作出了规定。考虑到其他违反职业病防治法构成犯罪依法应当追究刑事责任的行为在刑法中已有具体规定，如《刑法》第三百九十七条对国家机关工作人员滥用职权或者玩忽职守，致使公共财产、国家和人民利益遭受重大损失的，规定了刑事责任，因此，2011 年《职业病防治法》修改新增本条对此作了衔接性规定。对违反本法规定的行为，符合我国刑法规定的犯罪构成要件的，应当依照刑法的规定追究刑事责任。

相关规定

《中华人民共和国职业病防治法》第 78 条、第 80 条；《中华人民共和国刑法》第 134 条 ~ 第 136 条、第 229 条、第 397 条。

第七章　附则

第八十五条　本法下列用语的含义：

职业病危害，是指对从事职业活动的劳动者可能导致职业病的各种危害。职业病危害因素包括：职业活动中存在的各种有害的化学、物理、生物因素以及在作业过程中产生的其他职业有害因素。

职业禁忌，是指劳动者从事特定职业或者接触特定职业病危害因素时，比一般职业人群更易于遭受职业病危害和罹患职业病或者可能导致原有自身疾病病情加重，或者在从事作业过程中诱发可能导致对他人生命健康构成危险的疾病的个人特殊生理或者病理状态。

条文主旨

本条是关于职业病危害、职业病危害因素以及职业禁忌的含义的规定。

立法背景

职业病防治法是一部专业性比较强的法律，法律规定中涉及较多的专业术语，如职业病、职业病危害、职业病危害因素、职业禁忌、职业病危害预评价、控制效果评价等。为了方便用人单位、社会公众以及职业卫生执法人员更好地理解法律中的有关规定，本条重点选择职业病危害、职业病危害因素以及职业禁忌等概念作了解释。

条文解读

本条关于职业病危害的解释包括两层含义：第一，这种危害是存在于工作场所或者是与特定职业相伴随的，不包括其他场合的危害；第二，这种危害可能导致从事职业活动的劳动者遭受职业病。如果某一危害不会导致职业病，即使存在于工作场所，也不能称为职业病危害（有时可能是职业安全危害）。

职业病危害因素中的化学因素，主要是指生产过程中的化学物质和生产性粉尘；物理因素，主要包括异常气象条件、异常气压、噪声、振动、非电离辐射、电离辐射等；生物因素，如炭疽杆菌、布氏杆菌、森林脑炎病毒等传染性病原体等；作业过程中产生的其他职业危害因素，包括劳动时个别器官或系统过度紧张、长时间不良体位、劳动强度过大等劳动过程中的其他有害因素以及厂房建筑或布局不合理等生产环境中的其他有害因素。

职业禁忌，主要是一种特殊的生理或者病理状态，用人单位不得安排有职业禁忌的劳动者从事其所禁忌的工作或者作业。

第八十六条　本法第二条规定的用人单位以外的单位，产生职业病危害的，其职业病防治活动可以参照本法执行。

劳务派遣用工单位应当履行本法规定的用人单位的义务。

中国人民解放军参照执行本法的办法，由国务院、中央军事委员会制定。

条文主旨

本条是关于其他有关单位的职业病防治活动应如何规范的规定。

立法背景

本法第二条规定，本法适用于中华人民共和国领域内的职业病防治活动。本法所称职业病，是指企业、事业单位和个体经济组织等用人单位的劳动者在职业活动中，因接触粉尘、放射性物质和其他有毒、有害因素而引起的疾病。因此，企业、事业单位和个体经济组织等用人单位的职业病防治工作应当严格执行本法规定。同时，考虑到机关以及部分社会团体的特殊性，其不属于严格意义上的用人单位。这些单位的职业病防治工作，不直接适用本法，但可以由用人单位选择参照本法的规定执行。

劳务派遣是当前大量存在的一种用工形式，劳动合同法中规定，劳务派遣单位应当履行用人单位的义务，并对劳务派遣的有关问题作了专节规定。为进一步强化劳务派遣单位的责任，2011 年修改后的《职业病防治法》新增加了这一款规定。

另外，考虑到军队职业病防治工作的特殊性，本条第三款规定，中国人民解放军参照执行本法的办法，由国务院、中央军事委员会制定。

条文解读

一、本法是规范本法第二条规定范围以内的用人单位的职业病防治活动的，而根据该条的规定，用人单位是指企业、事业单位和个体经济组织。也就是说，企业、事业单位和个体经济组织等用人单位的职业病防治活动受本法规范，这主要是从我国的实际出发，首先对职业病危害比较严重的单位进行管理。但是其他单位也会产生职业病。虽然按照本法第二条的规定，这些职业病防治活动不直接属于本法的规范范围之内，但这些单位可以按照本条的规定参照本法执行。这里所讲的“参照”不同于“依照”，有着可以部分执行以及根据实际情况予以变通的含义。本法关于规范职业病防治活动的规定，其他单位在参照执行时，可以根据本单位的特点予以适用，但是不得违背本法的立法宗旨、指导思想以及本法规定的职业病防治的原则。

二、劳务派遣用工是我国当前一些企业用工的重要形式，劳务派遣单位招收录用劳动者后，将其派遣到劳务派遣用工单位实际工作。根据劳动合同法的有关规定，劳务派遣用工单位应当为劳动者提供法律规定的劳动安全卫生条件，劳务派遣工享有与用工单位的职工同工同酬的权利。当前在一些地方和一些企业中，用工单位侵害劳务派遣工合法权益的现象时有发生，一些企业甚至将危险岗位，脏、累、苦的工作岗位大量交由劳务派遣工承担，派遣工的身体健康以及其他相关权益面临损害。而一旦发生安全生产或者职业病危害事故，由于派遣工只是与派遣单位而非用工单位签订劳动合同，其维权工作面临更多的困难。因此，根据常委会审议和各方面的意见，修改后的职业病防治法对此问题作了明确规定。按照本条第二款的规定，劳务派遣用工单位尽管与劳动者之间没有直接的劳动关系，但是它与普通用人单位一样，应当遵守本法中规定的各项职业病防治义务，发生职业病危害事故给劳动者造成损害的，也应当与普通用人单位一样承担相应的法律责任。

三、考虑到中国人民解放军作为高度统一的武装集团的特殊性，本条第三款明确规定，中国人民解放军参照执行本法的办法，由国务院、中央军事委员会制定。

相关规定

《中华人民共和国劳动合同法》第五章第二节“劳务派遣”。

第八十七条　对医疗机构放射性职业病危害控制的监督管理，由卫生行政部门依照本法的规定实施。

条文主旨

本条是关于医疗机构放射性职业病危害控制监督管理的规定。

立法背景

医疗机构放射性职业病危害控制的监督管理工作与医疗机构管理工作密切相关，因此，适合由卫生部门进行监督管理。中编办《关于放射源安全监管部门职责分工的通知》对卫生、公安和环保等部门的放射源监管职责进行了调整，明确规定医疗机构放射源的职业病危害评价管理工作由卫生部门负责。2011 年修改后的《职业病防治法》进一步明确了这一做法。根据党中央和国务院行政审批制度改革的要求，2016 年《职业病防治法》修改取消了多项职业病防治领域的行政审批，其中包括职业病危害预评价审核、职业病防护设施设计审查以及建设项目竣工验收许可，但是，修改后的职业防治法保留并明确了医疗机构建设项目的上述许可事项。

条文解读

根据本法第十七条、第十八条以及中编办和国务院有关部门的规定，目前对医疗机构放射性职业病危害控制的监督管理主要包括以下两方面的内容：一是做好医疗机构建设项目放射性职业病危害卫生审查，从源头控制职业病危害。凡医疗机构新建、改建和扩建涉及放射性职业病危害的建设项目，在可行性论证（设计）阶段及竣工验收前，必须按照职业病防治法的规定，进行职业病危害（放射性）预评价和控制效果评价，并经卫生行政部门审核和竣工验收，发给批准文件后，方可立项和施工或者投入使用。二是要加强医疗机构放射源诊疗技术和医用辐射机构的监督管理，监管部门可以通过放射卫生抽检和职业病危害项目申报工作，全面掌握辖区内放射源诊疗技术、医用辐射机构的现状，依照法律、法规和配套规章加大对医用辐射机构的监督管理力度，为实现放射源诊疗技术和医用辐射机构准入管理奠定基础。

相关规定

《中华人民共和国职业病防治法》第 17 条~第 18 条；中央机构编制委员会办公室《关于放射源安全监管部门职责分工的通知》；原卫生部《关于进一步做好放射性职业病危害防治工作的通知》。

第八十八条　本法自 2002 年 5 月 1 日起施行。

条文主旨

本条是关于本法施行日期的规定。

条文解读

法律生效日期的问题，是任何一部法律都要涉及的问题。一部法律通过以后，就产生了从什么时候开始起生效、在什么地域范围内生效、对什么人有效的问题，这些问题就是法律的效力范围问题。法律效力范围包括时间效力、空间效力和对人的效力三个方面。法律的生效日期是法律的时间效力问题的规定。

法律时间效力又包括法律从何时开始起生效、到何时终止生效和法律生效后有无溯及力三个问题。我国以前制定的法律中，关于生效日期的规定，有以下几种情况：一是在法律条文中规定该法的生效日期，如《慈善法》第一百一十二条明确规定该法自 2016 年 9 月 1 日起施行。二是在法律条文中没有直接规定具体的生效日期，而是规定"本法自公布之日起施行"，但法律何时公布，根据我国宪法关于法律由国家主席公布的规定，则由国家主席发布主席令来确定。目前，国家主席一般都是于全国人大或者全国人大常委会通过法律的当天发布命令公布法律，如 2000 年 12 月 28 日第九届全国人民代表大会常务委员会第十九次会议通过的引渡法规定，本法自公布之日起施行。同日，国家主席发布主席令，公布了该法。三是规定一个法律的生效日期取决于另一个法律的制定和实施时间，这主要是指企业破产法，1986 年 12 月 2 日第六届全国人民代表大会常务委员会第十八次会议通过的《中华人民共和国企业破产法（试行）》第43条规定：“本法自全民所有制工业企业法实施满三个月之日起试行。”当时，全民所有制工业企业法尚未制定出来，所以企业破产法（试行）最终开始生效的时间是全民所有制工业企业法1988年8月1日生效后三个月即1988年11月1日。

附录

中华人民共和国主席令

第四十八号

《全国人民代表大会常务委员会关于修改〈中华人民共和国节约能源法〉等六部法律的决定》已由中华人民共和国第十二届全国人民代表大会常务委员会第二十一次会议于2016年7月2日通过，现予公布。

《全国人民代表大会常务委员会关于修改〈中华人民共和国节约能源法〉等六部法律的决定》对《中华人民共和国节约能源法》、《中华人民共和国水法》、《中华人民共和国防洪法》、《中华人民共和国职业病防治法》、《中华人民共和国航道法》所作的修改，自公布之日起施行；对《中华人民共和国环境影响评价法》所作的修改，自2016年9月1日起施行。

中华人民共和国主席　习近平

2016年7月2日

全国人民代表大会常务委员会关于修改《中华人民共和国节约能源法》等六部法律的决定（节录）

（2016 年 7 月 2 日第十二届全国人民代表大会　常务委员会第二十一次会议通过）

第十二届全国人民代表大会常务委员会第二十一次会议决定：

……

四、对《中华人民共和国职业病防治法》作出修改

（一）将第十七条第一款修改为：“新建、扩建、改建建设项目和技术改造、技术引进项目（以下统称建设项目）可能产生职业病危害的，建设单位在可行性论证阶段应当进行职业病危害预评价。”

增加一款，作为第二款：“医疗机构建设项目可能产生放射性职业病危害的，建设单位应当向卫生行政部门提交放射性职业病危害预评价报告。卫生行政部门应当自收到预评价报告之日起三十日内，作出审核决定并书面通知建设单位。未提交预评价报告或者预评价报告未经卫生行政部门审核同意的，不得开工建设。”

（二）将第十八条第二款修改为：“建设项目的职业病防护设施设计应当符合国家职业卫生标准和卫生要求；其中，医疗机构放射性职业病危害严重的建设项目的防护设施设计，应当经卫生行政部门审查同意后，方可施工。”

第三款修改为：“建设项目在竣工验收前，建设单位应当进行职业病危害控制效果评价。”

增加一款，作为第四款："医疗机构可能产生放射性职业病危害的建设项目竣工验收时，其放射性职业病防护设施经卫生行政部门验收合格后，方可投入使用；其他建设项目的职业病防护设施应当由建设单位负责依法组织验收，验收合格后，方可投入生产和使用。安全生产监督管理部门应当加强对建设单位组织的验收活动和验收结果的监督核查。"

（三）删去第十九条。

（四）第六十八条改为第六十七条，将其中的"安全生产监督管理部门"修改为"卫生行政部门、安全生产监督管理部门"。

（五）第七十条改为第六十九条，修改为："建设单位违反本法规定，有下列行为之一的，由安全生产监督管理部门和卫生行政部门依据职责分工给予警告，责令限期改正；逾期不改正的，处十万元以上五十万元以下的罚款；情节严重的，责令停止产生职业病危害的作业，或者提请有关人民政府按照国务院规定的权限责令停建、关闭：

"（一）未按照规定进行职业病危害预评价的；

"（二）医疗机构可能产生放射性职业病危害的建设项目未按照规定提交放射性职业病危害预评价报告，或者放射性职业病危害预评价报告未经卫生行政部门审核同意，开工建设的；

"（三）建设项目的职业病防护设施未按照规定与主体工程同时设计、同时施工、同时投入生产和使用的；

"（四）建设项目的职业病防护设施设计不符合国家职业卫生标准和卫生要求，或者医疗机构放射性职业病危害严重的建设项目的防护设施设计未经卫生行政部门审查同意擅自施工的；

"（五）未按照规定对职业病防护设施进行职业病危害控制效果评价的；

"（六）建设项目竣工投入生产和使用前，职业病防护设施未按照规定验收合格的。”

（六）删去第八十四条。

……

本决定对《中华人民共和国节约能源法》、《中华人民共和国水法》、《中华人民共和国防洪法》、《中华人民共和国职业病防治法》、《中华人民共和国航道法》所作的修改，自公布之日起施行；对《中华人民共和国环境影响评价法》所作的修改，自 2016 年 9 月 1 日起施行。

《中华人民共和国节约能源法》、《中华人民共和国水法》、《中华人民共和国防洪法》、《中华人民共和国职业病防治法》、《中华人民共和国环境影响评价法》、《中华人民共和国航道法》根据本决定作相应修改，重新公布。

中华人民共和国职业病防治法

（2001年10月27日第九届全国人民代表大会常务委员会第二十四次会议通过　根据2011年12月31日第十一届全国人民代表大会常务委员会第二十四次会议《关于修改〈中华人民共和国职业病防治法〉的决定》第一次修正　根据2016年7月2日第十二届全国人民代表大会常务委员会第二十一次会议《关于修改〈中华人民共和国节约能源法〉等六部法律的决定》第二次修正）

目　　录

第一章　总　　则

第二章　前期预防

第三章　劳动过程中的防护与管理

第四章　职业病诊断与职业病病人保障

第五章　监督检查

第六章　法律责任

第七章　附　　则

第一章　总　　则

第一条　为了预防、控制和消除职业病危害，防治职业病，保护劳动者健康及其相关权益，促进经济社会发展，根据宪法，制定本法。

第二条　本法适用于中华人民共和国领域内的职业病防治活动。

本法所称职业病，是指企业、事业单位和个体经济组织等用人单位的劳动者在职业活动中，因接触粉尘、放射性物质和其他有毒、有害因素而引起的疾病。

职业病的分类和目录由国务院卫生行政部门会同国务院安全生产监督管理部门、劳动保障行政部门制定、调整并公布。

第三条 职业病防治工作坚持预防为主、防治结合的方针，建立用人单位负责、行政机关监管、行业自律、职工参与和社会监督的机制，实行分类管理、综合治理。

第四条 劳动者依法享有职业卫生保护的权利。

用人单位应当为劳动者创造符合国家职业卫生标准和卫生要求的工作环境和条件，并采取措施保障劳动者获得职业卫生保护。

工会组织依法对职业病防治工作进行监督，维护劳动者的合法权益。用人单位制定或者修改有关职业病防治的规章制度，应当听取工会组织的意见。

第五条 用人单位应当建立、健全职业病防治责任制，加强对职业病防治的管理，提高职业病防治水平，对本单位产生的职业病危害承担责任。

第六条 用人单位的主要负责人对本单位的职业病防治工作全面负责。

第七条 用人单位必须依法参加工伤保险。

国务院和县级以上地方人民政府劳动保障行政部门应当加强对工伤保险的监督管理，确保劳动者依法享受工伤保险待遇。

第八条 国家鼓励和支持研制、开发、推广、应用有利于职业病防治和保护劳动者健康的新技术、新工艺、新设备、新材料，加强对职业病的机理和发生规律的基础研究，提高职业病防治科学技术水平；积极采用有效的职业病防治技术、工艺、设备、材料；限制使用或者淘汰职业病危害严重的技术、工艺、设备、材料。

国家鼓励和支持职业病医疗康复机构的建设。

第九条 国家实行职业卫生监督制度。

国务院安全生产监督管理部门、卫生行政部门、劳动保障行政部门依照本法和国务院确定的职责，负责全国职业病防治的监督管理工作。国务院有关部门在各自的职责范围内负责职业病防治的有关监督管理工作。

县级以上地方人民政府安全生产监督管理部门、卫生行政部门、劳动保障行政部门依据各自职责，负责本行政区域内职业病防治的监督管理工作。县级以上地方人民政府有关部门在各自的职责范围内负责职业病防治的有关监督管理工作。

县级以上人民政府安全生产监督管理部门、卫生行政部门、劳动保障行政部门（以下统称职业卫生监督管理部门）应当加强沟通，密切配合，按照各自职责分工，依法行使职权，承担责任。

第十条 国务院和县级以上地方人民政府应当制定职业病防治规划，将其纳入国民经济和社会发展计划，并组织实施。

县级以上地方人民政府统一负责、领导、组织、协调本行政区域的职业病防治工作，建立健全职业病防治工作体制、机制，统一领导、指挥职业卫生突发事件应对工作；加强职业病防治能力建设和服务体系建设，完善、落实职业病防治工作责任制。

乡、民族乡、镇的人民政府应当认真执行本法，支持职业卫生监督管理部门依法履行职责。

第十一条 县级以上人民政府职业卫生监督管理部门应当加强对职业病防治的宣传教育，普及职业病防治的知识，增强用人单位的职业病防治观念，提高劳动者的职业健康意识、自我保护意识和行使职业卫生保护权利的能力。

第十二条 有关防治职业病的国家职业卫生标准，由国务院卫生行政部门组织制定并公布。

国务院卫生行政部门应当组织开展重点职业病监测和专项调查，对职业健康风险进行评估，为制定职业卫生标准和职业病防治政策提供科学依据。

县级以上地方人民政府卫生行政部门应当定期对本行政区域的职业病防治情况进行统计和调查分析。

第十三条 任何单位和个人有权对违反本法的行为进行检举和控告。有关部门收到相关的检举和控告后，应当及时处理。

对防治职业病成绩显著的单位和个人，给予奖励。

第二章 前期预防

第十四条 用人单位应当依照法律、法规要求，严格遵守国家职业卫生标准，落实职业病预防措施，从源头上控制和消除职业病危害。

第十五条 产生职业病危害的用人单位的设立除应当符合法律、行政法规规定的设立条件外，其工作场所还应当符合下列职业卫生要求：

（一）职业病危害因素的强度或者浓度符合国家职业卫生标准；

（二）有与职业病危害防护相适应的设施；

（三）生产布局合理，符合有害与无害作业分开的原则；

（四）有配套的更衣间、洗浴间、孕妇休息间等卫生设施；

（五）设备、工具、用具等设施符合保护劳动者生理、心理健康的要求；

（六）法律、行政法规和国务院卫生行政部门、安全生产监督管理部门关于保护劳动者健康的其他要求。

第十六条 国家建立职业病危害项目申报制度。

用人单位工作场所存在职业病目录所列职业病的危害因素的，应当及时、如实向所在地安全生产监督管理部门申报危害项目，接受监督。

职业病危害因素分类目录由国务院卫生行政部门会同国务院安全生产监督管理部门制定、调整并公布。职业病危害项目申报的具体办法由国务院安全生产监督管理部门制定。

第十七条　新建、扩建、改建建设项目和技术改造、技术引进项目（以下统称建设项目）可能产生职业病危害的，建设单位在可行性论证阶段应当进行职业病危害预评价。

医疗机构建设项目可能产生放射性职业病危害的，建设单位应当向卫生行政部门提交放射性职业病危害预评价报告。卫生行政部门应当自收到预评价报告之日起三十日内，作出审核决定并书面通知建设单位。未提交预评价报告或者预评价报告未经卫生行政部门审核同意的，不得开工建设。

职业病危害预评价报告应当对建设项目可能产生的职业病危害因素及其对工作场所和劳动者健康的影响作出评价，确定危害类别和职业病防护措施。

建设项目职业病危害分类管理办法由国务院安全生产监督管理部门制定。

第十八条　建设项目的职业病防护设施所需费用应当纳入建设项目工程预算，并与主体工程同时设计，同时施工，同时投入生产和使用。

建设项目的职业病防护设施设计应当符合国家职业卫生标准和卫生要求；其中，医疗机构放射性职业病危害严重的建设项目的防护设施设计，应当经卫生行政部门审查同意后，方可施工。

建设项目在竣工验收前，建设单位应当进行职业病危害控制效果评价。

医疗机构可能产生放射性职业病危害的建设项目竣工验收时，其放射性职业病防护设施经卫生行政部门验收合格后，方可投入使用；其他建设项目的职业病防护设施应当由建设单位负责依法组织验收，验收合格后，方可投入生产和使用。安全生产监督管理部门应当加强对建设单位组织的验收活动和验收结果的监督核查。

第十九条 国家对从事放射性、高毒、高危粉尘等作业实行特殊管理。具体管理办法由国务院制定。

第三章 劳动过程中的防护与管理

第二十条 用人单位应当采取下列职业病防治管理措施：

（一）设置或者指定职业卫生管理机构或者组织，配备专职或者兼职的职业卫生管理人员，负责本单位的职业病防治工作；

（二）制定职业病防治计划和实施方案；

（三）建立、健全职业卫生管理制度和操作规程；

（四）建立、健全职业卫生档案和劳动者健康监护档案；

（五）建立、健全工作场所职业病危害因素监测及评价制度；

（六）建立、健全职业病危害事故应急救援预案。

第二十一条 用人单位应当保障职业病防治所需的资金投入，不得挤占、挪用，并对因资金投入不足导致的后果承担责任。

第二十二条 用人单位必须采用有效的职业病防护设施，并为劳动者提供个人使用的职业病防护用品。

用人单位为劳动者个人提供的职业病防护用品必须符合防治职业病的要求；不符合要求的，不得使用。

第二十三条 用人单位应当优先采用有利于防治职业病和保护劳动者健康的新技术、新工艺、新设备、新材料，逐步替代职业病危害严重的技术、工艺、设备、材料。

第二十四条 产生职业病危害的用人单位，应当在醒目位置设置公告栏，公布有关职业病防治的规章制度、操作规程、职业病危害事故应急救援措施和工作场所职业病危害因素检测结果。

对产生严重职业病危害的作业岗位，应当在其醒目位置，设置警示标识和中文警示说明。警示说明应当载明产生职业病危害的种类、后果、预防以及应急救治措施等内容。

第二十五条 对可能发生急性职业损伤的有毒、有害工作场所，用人单位应当设置报警装置，配置现场急救用品、冲洗设备、应急撤离通道和必要的泄险区。

对放射工作场所和放射性同位素的运输、贮存，用人单位必须配置防护设备和报警装置，保证接触放射线的工作人员佩戴个人剂量计。

对职业病防护设备、应急救援设施和个人使用的职业病防护用品，用人单位应当进行经常性的维护、检修，定期检测其性能和效果，确保其处于正常状态，不得擅自拆除或者停止使用。

第二十六条 用人单位应当实施由专人负责的职业病危害因素日常监测，并确保监测系统处于正常运行状态。

用人单位应当按照国务院安全生产监督管理部门的规定，定期对工作场所进行职业病危害因素检测、评价。检测、评价结果存入用人单位职业卫生档案，定期向所在地安全生产监督管理部门报告并向劳动者公布。

职业病危害因素检测、评价由依法设立的取得国务院安全生产监督管理部门或者设区的市级以上地方人民政府安全生产监督管理部门按照职责分工给予资质认可的职业卫生技术服务机构进行。职业卫生技术服务机构所作检测、评价应当客观、真实。

发现工作场所职业病危害因素不符合国家职业卫生标准和卫生要求时，用人单位应当立即采取相应治理措施，仍然达不到国家职业卫生标准和卫生要求的，必须停止存在职业病危害因素的作业；职业病危害因素经治理后，符合国家职业卫生标准和卫生要求的，方可重新作业。

第二十七条 职业卫生技术服务机构依法从事职业病危害因素检测、评价工作，接受安全生产监督管理部门的监督检查。安全生产监督管理部门应当依法履行监督职责。

第二十八条 向用人单位提供可能产生职业病危害的设备的，应当提供中文说明书，并在设备的醒目位置设置警示标识和中文警示说明。警示说明应当载明设备性能、可能产生的职业病危害、安全操作和维护注意事项、职业病防护以及应急救治措施等内容。

第二十九条 向用人单位提供可能产生职业病危害的化学品、放射性同位素和含有放射性物质的材料的，应当提供中文说明书。说明书应当载明产品特性、主要成份、存在的有害因素、可能产生的危害后果、安全使用注意事项、职业病防护以及应急救治措施等内容。产品包装应当有醒目的警示标识和中文警示说明。贮存上述材料的场所应当在规定的部位设置危险物品标识或者放射性警示标识。

国内首次使用或者首次进口与职业病危害有关的化学材料，使用单位或者进口单位按照国家规定经国务院有关部门批准后，应当向国务院卫生行政部门、安全生产监督管理部门报送该化学材料的毒性鉴定以及经有关部门登记注册或者批准进口的文件等资料。

进口放射性同位素、射线装置和含有放射性物质的物品的，按照国家有关规定办理。

第三十条 任何单位和个人不得生产、经营、进口和使用国家明令禁止使用的可能产生职业病危害的设备或者材料。

第三十一条 任何单位和个人不得将产生职业病危害的作业转移给不具备职业病防护条件的单位和个人。不具备职业病防护条件的单位和个人不得接受产生职业病危害的作业。

第三十二条 用人单位对采用的技术、工艺、设备、材料，应当知悉其产生的职业病危害，对有职业病危害的技术、工艺、设备、材料隐瞒其危害而采用的，对所造成的职业病危害后果承担责任。

第三十三条 用人单位与劳动者订立劳动合同（含聘用合同，下同）时，应当将工作过程中可能产生的职业病危害及其后果、职业病防护措施和待遇等如实告知劳动者，并在劳动合同中写明，不得隐瞒或者欺骗。

劳动者在已订立劳动合同期间因工作岗位或者工作内容变更，从事与所订立劳动合同中未告知的存在职业病危害的作业时，用人单位应当依照前款规定，向劳动者履行如实告知的义务，并协商变更原劳动合同相关条款。

用人单位违反前两款规定的，劳动者有权拒绝从事存在职业病危害的作业，用人单位不得因此解除与劳动者所订立的劳动合同。

第三十四条 用人单位的主要负责人和职业卫生管理人员应当接受职业卫生培训，遵守职业病防治法律、法规，依法组织本单位的职业病防治工作。

用人单位应当对劳动者进行上岗前的职业卫生培训和在岗期间的定期职业卫生培训，普及职业卫生知识，督促劳动者遵守职业病防治法律、法规、规章和操作规程，指导劳动者正确使用职业病防护设备和个人使用的职业病防护用品。

劳动者应当学习和掌握相关的职业卫生知识，增强职业病防范意识，遵守职业病防治法律、法规、规章和操作规程，正确使用、维护职业病防护设备和个人使用的职业病防护用品，发现职业病危害事故隐患应当及时报告。

劳动者不履行前款规定义务的，用人单位应当对其进行教育。

第三十五条 对从事接触职业病危害的作业的劳动者，用人单位应当按照国务院安全生产监督管理部门、卫生行政部门的规定组织上岗前、在岗期间和离岗时的职业健康检查，并将检查结果书面告知劳动者。职业健康检查费用由用人单位承担。

用人单位不得安排未经上岗前职业健康检查的劳动者从事接触职业病危害的作业；不得安排有职业禁忌的劳动者从事其所禁忌的作业；对在职业健康检查中发现有与所从事的职业相关的健康损害的劳动者，应当调离原工作岗位，并妥善安置；对未进行离岗前职业健康检查的劳动者不得解除或者终止与其订立的劳动合同。

职业健康检查应当由省级以上人民政府卫生行政部门批准的医疗卫生机构承担。

第三十六条 用人单位应当为劳动者建立职业健康监护档案，并按照规定的期限妥善保存。

职业健康监护档案应当包括劳动者的职业史、职业病危害接触史、职业健康检查结果和职业病诊疗等有关个人健康资料。

劳动者离开用人单位时，有权索取本人职业健康监护档案复印件，用人单位应当如实、无偿提供，并在所提供的复印件上签章。

第三十七条 发生或者可能发生急性职业病危害事故时，用人单位应当立即采取应急救援和控制措施，并及时报告所在地安全生产监督管理部门和有关部门。安全生产监督管理部门接到报告后，应当及时会同有关部门组织调查处理；必要时，可以采取临时控制措施。卫生行政部门应当组织做好医疗救治工作。

对遭受或者可能遭受急性职业病危害的劳动者，用人单位应当及时组织救治、进行健康检查和医学观察，所需费用由用人单位承担。

第三十八条 用人单位不得安排未成年工从事接触职业病危害的作业；不得安排孕期、哺乳期的女职工从事对本人和胎儿、婴儿有危害的作业。

第三十九条 劳动者享有下列职业卫生保护权利：

（一）获得职业卫生教育、培训；

（二）获得职业健康检查、职业病诊疗、康复等职业病防治服务；

（三）了解工作场所产生或者可能产生的职业病危害因素、危害后果和应当采取的职业病防护措施；

（四）要求用人单位提供符合防治职业病要求的职业病防护设施和个人使用的职业病防护用品，改善工作条件；

（五）对违反职业病防治法律、法规以及危及生命健康的行为提出批评、检举和控告；

（六）拒绝违章指挥和强令进行没有职业病防护措施的作业；

（七）参与用人单位职业卫生工作的民主管理，对职业病防治工作提出意见和建议。

用人单位应当保障劳动者行使前款所列权利。因劳动者依法行使正当权利而降低其工资、福利等待遇或者解除、终止与其订立的劳动合同的，其行为无效。

第四十条 工会组织应当督促并协助用人单位开展职业卫生宣传教育和培训，有权对用人单位的职业病防治工作提出意见和建议，依法代表劳动者与用人单位签订劳动安全卫生专项集体合同，与用人单位就劳动者反映的有关职业病防治的问题进行协调并督促解决。

工会组织对用人单位违反职业病防治法律、法规，侵犯劳动者合法权益的行为，有权要求纠正；产生严重职业病危害时，有权要求采取防护措施，或者向政府有关部门建议采取强制性措施；发生职业病危害事故时，有权参与事故调查处理；发现危及劳动者生命健康的情形时，有权向用人单位建议组织劳动者撤离危险现场，用人单位应当立即作出处理。

第四十一条 用人单位按照职业病防治要求，用于预防和治理职业病危害、工作场所卫生检测、健康监护和职业卫生培训等费用，按照国家有关规定，在生产成本中据实列支。

第四十二条 职业卫生监督管理部门应当按照职责分工，加强对用人单位落实职业病防护管理措施情况的监督检查，依法行使职权，承担责任。

第四章 职业病诊断与职业病病人保障

第四十三条 医疗卫生机构承担职业病诊断，应当经省、自治区、直辖市人民政府卫生行政部门批准。省、自治区、直辖市人民政府卫生行政部门应当向社会公布本行政区域内承担职业病诊断的医疗卫生机构的名单。

承担职业病诊断的医疗卫生机构应当具备下列条件：

（一）持有《医疗机构执业许可证》；

（二）具有与开展职业病诊断相适应的医疗卫生技术人员；

（三）具有与开展职业病诊断相适应的仪器、设备；

（四）具有健全的职业病诊断质量管理制度。

承担职业病诊断的医疗卫生机构不得拒绝劳动者进行职业病诊断的要求。

第四十四条 劳动者可以在用人单位所在地、本人户籍所在地或者经常居住地依法承担职业病诊断的医疗卫生机构进行职业病诊断。

第四十五条 职业病诊断标准和职业病诊断、鉴定办法由国务院卫生行政部门制定。职业病伤残等级的鉴定办法由国务院劳动保障行政部门会同国务院卫生行政部门制定。

第四十六条 职业病诊断，应当综合分析下列因素：

（一）病人的职业史；

（二）职业病危害接触史和工作场所职业病危害因素情况；

（三）临床表现以及辅助检查结果等。

没有证据否定职业病危害因素与病人临床表现之间的必然联系的，应当诊断为职业病。

承担职业病诊断的医疗卫生机构在进行职业病诊断时，应当组织三名以上取得职业病诊断资格的执业医师集体诊断。

职业病诊断证明书应当由参与诊断的医师共同签署，并经承担职业病诊断的医疗卫生机构审核盖章。

第四十七条 用人单位应当如实提供职业病诊断、鉴定所需的劳动者职业史和职业病危害接触史、工作场所职业病危害因素检测结果等资料；安全生产监督管理部门应当监督检查和督促用人单位提供上述资料；劳动者和有关机构也应当提供与职业病诊断、鉴定有关的资料。

职业病诊断、鉴定机构需要了解工作场所职业病危害因素情况时，可以对工作场所进行现场调查，也可以向安全生产监督管理部门提出，安全生产监督管理部门应当在十日内组织现场调查。用人单位不得拒绝、阻挠。

第四十八条 职业病诊断、鉴定过程中，用人单位不提供工作场所职业病危害因素检测结果等资料的，诊断、鉴定机构应当结合劳动者的临床表现、辅助检查结果和劳动者的职业史、职业病危害接触史，并参考劳动者的自述、安全生产监督管理部门提供的日常监督检查信息等，作出职业病诊断、鉴定结论。

劳动者对用人单位提供的工作场所职业病危害因素检测结果等资料有异议，或者因劳动者的用人单位解散、破产，无用人单位提供上述资料的，诊断、鉴定机构应当提请安全生产监督管理部门进行调查，安全生产监督管理部门应当自接到申请之日起三十日内对存在异议的资料或者工作场所职业病危害因素情况作出判定；有关部门应当配合。

第四十九条 职业病诊断、鉴定过程中，在确认劳动者职业史、职业病危害接触史时，当事人对劳动关系、工种、工作岗位或者在岗时间有争议的，可以向当地的劳动人事争议仲裁委员会申请仲裁；接到申请的劳动人事争议仲裁委员会应当受理，并在三十日内作出裁决。

当事人在仲裁过程中对自己提出的主张，有责任提供证据。劳动者无法提供由用人单位掌握管理的与仲裁主张有关的证据的，仲裁庭应当要求用人单位在指定期限内提供；用人单位在指定期限内不提供的，应当承担不利后果。

劳动者对仲裁裁决不服的，可以依法向人民法院提起诉讼。

用人单位对仲裁裁决不服的，可以在职业病诊断、鉴定程序结束之日起十五日内依法向人民法院提起诉讼；诉讼期间，劳动者的治疗费用按照职业病待遇规定的途径支付。

第五十条 用人单位和医疗卫生机构发现职业病病人或者疑似职业病病人时，应当及时向所在地卫生行政部门和安全生产监督管理部门报告。确诊为职业病的，用人单位还应当向所在地劳动保障行政部门报告。接到报告的部门应当依法作出处理。

第五十一条 县级以上地方人民政府卫生行政部门负责本行政区域内的职业病统计报告的管理工作，并按照规定上报。

第五十二条 当事人对职业病诊断有异议的，可以向作出诊断的医疗卫生机构所在地地方人民政府卫生行政部门申请鉴定。

职业病诊断争议由设区的市级以上地方人民政府卫生行政部门根据当事人的申请，组织职业病诊断鉴定委员会进行鉴定。

当事人对设区的市级职业病诊断鉴定委员会的鉴定结论不服的，

可以向省、自治区、直辖市人民政府卫生行政部门申请再鉴定。

第五十三条 职业病诊断鉴定委员会由相关专业的专家组成。

省、自治区、直辖市人民政府卫生行政部门应当设立相关的专家库，需要对职业病争议作出诊断鉴定时，由当事人或者当事人委托有关卫生行政部门从专家库中以随机抽取的方式确定参加诊断鉴定委员会的专家。

职业病诊断鉴定委员会应当按照国务院卫生行政部门颁布的职业病诊断标准和职业病诊断、鉴定办法进行职业病诊断鉴定，向当事人出具职业病诊断鉴定书。职业病诊断、鉴定费用由用人单位承担。

第五十四条 职业病诊断鉴定委员会组成人员应当遵守职业道德，客观、公正地进行诊断鉴定，并承担相应的责任。职业病诊断鉴定委员会组成人员不得私下接触当事人，不得收受当事人的财物或者其他好处，与当事人有利害关系的，应当回避。

人民法院受理有关案件需要进行职业病鉴定时，应当从省、自治区、直辖市人民政府卫生行政部门依法设立的相关的专家库中选取参加鉴定的专家。

第五十五条 医疗卫生机构发现疑似职业病病人时，应当告知劳动者本人并及时通知用人单位。

用人单位应当及时安排对疑似职业病病人进行诊断；在疑似职业病病人诊断或者医学观察期间，不得解除或者终止与其订立的劳动合同。

疑似职业病病人在诊断、医学观察期间的费用，由用人单位承担。

第五十六条 用人单位应当保障职业病病人依法享受国家规定的职业病待遇。

用人单位应当按照国家有关规定，安排职业病病人进行治疗、康复和定期检查。

用人单位对不适宜继续从事原工作的职业病病人，应当调离原岗位，并妥善安置。

用人单位对从事接触职业病危害的作业的劳动者，应当给予适当岗位津贴。

第五十七条 职业病病人的诊疗、康复费用，伤残以及丧失劳动能力的职业病病人的社会保障，按照国家有关工伤保险的规定执行。

第五十八条 职业病病人除依法享有工伤保险外，依照有关民事法律，尚有获得赔偿的权利的，有权向用人单位提出赔偿要求。

第五十九条 劳动者被诊断患有职业病，但用人单位没有依法参加工伤保险的，其医疗和生活保障由该用人单位承担。

第六十条 职业病病人变动工作单位，其依法享有的待遇不变。

用人单位在发生分立、合并、解散、破产等情形时，应当对从事接触职业病危害的作业的劳动者进行健康检查，并按照国家有关规定妥善安置职业病病人。

第六十一条 用人单位已经不存在或者无法确认劳动关系的职业病病人，可以向地方人民政府民政部门申请医疗救助和生活等方面的救助。

地方各级人民政府应当根据本地区的实际情况，采取其他措施，使前款规定的职业病病人获得医疗救治。

第五章 监督检查

第六十二条 县级以上人民政府职业卫生监督管理部门依照

职业病防治法律、法规、国家职业卫生标准和卫生要求，依据职责划分，对职业病防治工作进行监督检查。

第六十三条 安全生产监督管理部门履行监督检查职责时，有权采取下列措施：

（一）进入被检查单位和职业病危害现场，了解情况，调查取证；

（二）查阅或者复制与违反职业病防治法律、法规的行为有关的资料和采集样品；

（三）责令违反职业病防治法律、法规的单位和个人停止违法行为。

第六十四条 发生职业病危害事故或者有证据证明危害状态可能导致职业病危害事故发生时，安全生产监督管理部门可以采取下列临时控制措施：

（一）责令暂停导致职业病危害事故的作业；

（二）封存造成职业病危害事故或者可能导致职业病危害事故发生的材料和设备；

（三）组织控制职业病危害事故现场。

在职业病危害事故或者危害状态得到有效控制后，安全生产监督管理部门应当及时解除控制措施。

第六十五条 职业卫生监督执法人员依法执行职务时，应当出示监督执法证件。

职业卫生监督执法人员应当忠于职守，秉公执法，严格遵守执法规范；涉及用人单位的秘密的，应当为其保密。

第六十六条 职业卫生监督执法人员依法执行职务时，被检查单位应当接受检查并予以支持配合，不得拒绝和阻碍。

第六十七条 卫生行政部门、安全生产监督管理部门及其职业卫生监督执法人员履行职责时，不得有下列行为：

（一）对不符合法定条件的，发给建设项目有关证明文件、资质证明文件或者予以批准；

（二）对已经取得有关证明文件的，不履行监督检查职责；

（三）发现用人单位存在职业病危害的，可能造成职业病危害事故，不及时依法采取控制措施；

（四）其他违反本法的行为。

第六十八条 职业卫生监督执法人员应当依法经过资格认定。

职业卫生监督管理部门应当加强队伍建设，提高职业卫生监督执法人员的政治、业务素质，依照本法和其他有关法律、法规的规定，建立、健全内部监督制度，对其工作人员执行法律、法规和遵守纪律的情况，进行监督检查。

第六章 法律责任

第六十九条 建设单位违反本法规定，有下列行为之一的，由安全生产监督管理部门和卫生行政部门依据职责分工给予警告，责令限期改正；逾期不改正的，处十万元以上五十万元以下的罚款；情节严重的，责令停止产生职业病危害的作业，或者提请有关人民政府按照国务院规定的权限责令停建、关闭：

（一）未按照规定进行职业病危害预评价的；

（二）医疗机构可能产生放射性职业病危害的建设项目未按照规定提交放射性职业病危害预评价报告，或者放射性职业病危害预评价报告未经卫生行政部门审核同意，开工建设的；

（三）建设项目的职业病防护设施未按照规定与主体工程同时设计、同时施工、同时投入生产和使用的；

（四）建设项目的职业病防护设施设计不符合国家职业卫生标准和卫生要求，或者医疗机构放射性职业病危害严重的建设项目的防护设施设计未经卫生行政部门审查同意擅自施工的；

（五）未按照规定对职业病防护设施进行职业病危害控制效果评价的；

（六）建设项目竣工投入生产和使用前，职业病防护设施未按照规定验收合格的。

第七十条 违反本法规定，有下列行为之一的，由安全生产监督管理部门给予警告，责令限期改正；逾期不改正的，处十万元以下的罚款：

（一）工作场所职业病危害因素检测、评价结果没有存档、上报、公布的；

（二）未采取本法第二十条规定的职业病防治管理措施的；

（三）未按照规定公布有关职业病防治的规章制度、操作规程、职业病危害事故应急救援措施的；

（四）未按照规定组织劳动者进行职业卫生培训，或者未对劳动者个人职业病防护采取指导、督促措施的；

（五）国内首次使用或者首次进口与职业病危害有关的化学材料，未按照规定报送毒性鉴定资料以及经有关部门登记注册或者批准进口的文件的。

第七十一条 用人单位违反本法规定，有下列行为之一的，由安全生产监督管理部门责令限期改正，给予警告，可以并处五万元以上十万元以下的罚款：

（一）未按照规定及时、如实向安全生产监督管理部门申报产生职业病危害的项目的；

（二）未实施由专人负责的职业病危害因素日常监测，或者监测系统不能正常监测的；

（三）订立或者变更劳动合同时，未告知劳动者职业病危害真实情况的；

（四）未按照规定组织职业健康检查、建立职业健康监护档案或者未将检查结果书面告知劳动者的；

（五）未依照本法规定在劳动者离开用人单位时提供职业健康监护档案复印件的。

第七十二条 用人单位违反本法规定，有下列行为之一的，由安全生产监督管理部门给予警告，责令限期改正，逾期不改正的，处五万元以上二十万元以下的罚款；情节严重的，责令停止产生职业病危害的作业，或者提请有关人民政府按照国务院规定的权限责令关闭：

（一）工作场所职业病危害因素的强度或者浓度超过国家职业卫生标准的；

（二）未提供职业病防护设施和个人使用的职业病防护用品，或者提供的职业病防护设施和个人使用的职业病防护用品不符合国家职业卫生标准和卫生要求的；

（三）对职业病防护设备、应急救援设施和个人使用的职业病防护用品未按照规定进行维护、检修、检测，或者不能保持正常运行、使用状态的；

（四）未按照规定对工作场所职业病危害因素进行检测、评价的；

（五）工作场所职业病危害因素经治理仍然达不到国家职业卫生标准和卫生要求时，未停止存在职业病危害因素的作业的；

（六）未按照规定安排职业病病人、疑似职业病病人进行诊治的；

（七）发生或者可能发生急性职业病危害事故时，未立即采取应急救援和控制措施或者未按照规定及时报告的；

（八）未按照规定在产生严重职业病危害的作业岗位醒目位置设置警示标识和中文警示说明的；

（九）拒绝职业卫生监督管理部门监督检查的；

（十）隐瞒、伪造、篡改、毁损职业健康监护档案、工作场所职业病危害因素检测评价结果等相关资料，或者拒不提供职业病诊断、鉴定所需资料的；

（十一）未按照规定承担职业病诊断、鉴定费用和职业病病人的医疗、生活保障费用的。

第七十三条 向用人单位提供可能产生职业病危害的设备、材料，未按照规定提供中文说明书或者设置警示标识和中文警示说明的，由安全生产监督管理部门责令限期改正，给予警告，并处五万元以上二十万元以下的罚款。

第七十四条 用人单位和医疗卫生机构未按照规定报告职业病、疑似职业病的，由有关主管部门依据职责分工责令限期改正，给予警告，可以并处一万元以下的罚款；弄虚作假的，并处二万元以上五万元以下的罚款；对直接负责的主管人员和其他直接责任人员，可以依法给予降级或者撤职的处分。

第七十五条 违反本法规定，有下列情形之一的，由安全生产监督管理部门责令限期治理，并处五万元以上三十万元以下的罚款；情节严重的，责令停止产生职业病危害的作业，或者提请有关人民政府按照国务院规定的权限责令关闭：

（一）隐瞒技术、工艺、设备、材料所产生的职业病危害而采用的；

（二）隐瞒本单位职业卫生真实情况的；

（三）可能发生急性职业损伤的有毒、有害工作场所、放射工作场所或者放射性同位素的运输、贮存不符合本法第二十五条规定的；

（四）使用国家明令禁止使用的可能产生职业病危害的设备或者材料的；

（五）将产生职业病危害的作业转移给没有职业病防护条件的单位和个人，或者没有职业病防护条件的单位和个人接受产生职业病危害的作业的；

（六）擅自拆除、停止使用职业病防护设备或者应急救援设施的；

（七）安排未经职业健康检查的劳动者、有职业禁忌的劳动者、未成年工或者孕期、哺乳期女职工从事接触职业病危害的作业或者禁忌作业的；

（八）违章指挥和强令劳动者进行没有职业病防护措施的作业的。

第七十六条 生产、经营或者进口国家明令禁止使用的可能产生职业病危害的设备或者材料的，依照有关法律、行政法规的规定给予处罚。

第七十七条 用人单位违反本法规定，已经对劳动者生命健康造成严重损害的，由安全生产监督管理部门责令停止产生职业病危害的作业，或者提请有关人民政府按照国务院规定的权限责令关闭，并处十万元以上五十万元以下的罚款。

第七十八条 用人单位违反本法规定，造成重大职业病危害事故或者其他严重后果，构成犯罪的，对直接负责的主管人员和其他直接责任人员，依法追究刑事责任。

第七十九条 未取得职业卫生技术服务资质认可擅自从事职业卫生技术服务的，或者医疗卫生机构未经批准擅自从事职业健康检查、职业病诊断的，由安全生产监督管理部门和卫生行政部门依据职责分工责令立即停止违法行为，没收违法所得；违法所得五千元以上的，并处违法所得二倍以上十倍以下的罚款；没有违法所得或者违法所得不足五千元的，并处五千元以上五万元以下的罚款；情节严重的，对直接负责的主管人员和其他直接责任人员，依法给予降级、撤职或者开除的处分。

第八十条 从事职业卫生技术服务的机构和承担职业健康检查、职业病诊断的医疗卫生机构违反本法规定，有下列行为之一的，由安全生产监督管理部门和卫生行政部门依据职责分工责令立即停止违法行为，给予警告，没收违法所得；违法所得五千元以上的，并处违法所得二倍以上五倍以下的罚款；没有违法所得或者违法所得不足五千元的，并处五千元以上二万元以下的罚款；情节严重的，由原认可或者批准机关取消其相应的资格；对直接负责的主管人员和其他直接责任人员，依法给予降级、撤职或者开除的处分；构成犯罪的，依法追究刑事责任：

（一）超出资质认可或者批准范围从事职业卫生技术服务或者职业健康检查、职业病诊断的；

（二）不按照本法规定履行法定职责的；

（三）出具虚假证明文件的。

第八十一条 职业病诊断鉴定委员会组成人员收受职业病诊断争议当事人的财物或者其他好处的，给予警告，没收收受的财物，可以并处三千元以上五万元以下的罚款，取消其担任职业病诊断鉴定委员会组成人员的资格，并从省、自治区、直辖市人民政府卫生行政部门设立的专家库中予以除名。

第八十二条 卫生行政部门、安全生产监督管理部门不按照规定报告职业病和职业病危害事故的，由上一级行政部门责令改正，通报批评，给予警告；虚报、瞒报的，对单位负责人、直接负责的主管人员和其他直接责任人员依法给予降级、撤职或者开除的处分。

第八十三条 县级以上地方人民政府在职业病防治工作中未依照本法履行职责，本行政区域出现重大职业病危害事故、造成严重社会影响的，依法对直接负责的主管人员和其他直接责任人员给予记大过直至开除的处分。

县级以上人民政府职业卫生监督管理部门不履行本法规定的职责，滥用职权、玩忽职守、徇私舞弊，依法对直接负责的主管人员和其他直接责任人员给予记大过或者降级的处分；造成职业病危害事故或者其他严重后果的，依法给予撤职或者开除的处分。

第八十四条 违反本法规定，构成犯罪的，依法追究刑事责任。

第七章 附 则

第八十五条 本法下列用语的含义：

职业病危害，是指对从事职业活动的劳动者可能导致职业病的各种危害。职业病危害因素包括：职业活动中存在的各种有害的化学、物理、生物因素以及在作业过程中产生的其他职业有害因素。

职业禁忌，是指劳动者从事特定职业或者接触特定职业病危害因素时，比一般职业人群更易于遭受职业病危害和罹患职业病或者可能导致原有自身疾病病情加重，或者在从事作业过程中诱发可能导致对他人生命健康构成危险的疾病的个人特殊生理或者病理状态。

第八十六条 本法第二条规定的用人单位以外的单位，产生职业病危害的，其职业病防治活动可以参照本法执行。

劳务派遣用工单位应当履行本法规定的用人单位的义务。

中国人民解放军参照执行本法的办法，由国务院、中央军事委员会制定。

第八十七条 对医疗机构放射性职业病危害控制的监督管理，由卫生行政部门依照本法的规定实施。

第八十八条 本法自 2002 年 5 月 1 日起施行。

后　记

职业病防治法是预防、控制和消除职业病危害，保护劳动者健康及其相关权益的一部重要法律。2001 年 10 月 27 日，九届全国人大常委会第二十四次会议通过了《中华人民共和国职业病防治法》。该法的颁布实施，对防治职业病、维护广大劳动者的合法权益发挥了重要作用。2011 年 12 月 31 日，十一届全国人大常委会第二十四次会议通过《关于修改〈中华人民共和国职业病防治法〉的决定》，对职业病防治法作了较大幅度的修改，进一步理顺了职业卫生监督管理体制，强化了用人单位的职业病防治义务，进一步完善了职业病诊断、鉴定制度，并强化了用人单位违法行为的法律责任。2016 年 7 月 2 日，十二届全国人大常委会第二十一次会议通过的《关于修改〈中华人民共和国节约能源法〉等六部法律的决定》对职业病防治法的部分条文再次作了重要修改。

为配合新修改的职业病防治法的学习、宣传，帮助广大读者准确理解职业病防治法的立法原意和各项规定，保证职业病防治法的贯彻落实，全国人大常委会法制工作委员会社会法室参与职业病防治法制定、修改工作的同志编写了本书，供大家学习参考。

本书力求准确、详尽、通俗地阐述法条的内容和立法、修法背景，但因时间和水平有限，解释不妥和疏漏之处在所难免，敬请广大读者批评指正。

图书在版编目（CIP）数据

中华人民共和国职业病防治法解读 / 全国人大常委会法制工作委员会社会法室编著．—2版．—北京：中国法制出版社，2016.7（2017.6重印）

ISBN 978-7-5093-7696-6

Ⅰ.①中… Ⅱ.①全… Ⅲ.①职业病防法法-法律解释-中国 Ⅳ.①D922.545

中国版本图书馆CIP数据核字（2016）第177780号

责任编辑：罗莎　　封面设计：蒋怡

中华人民共和国职业病防治法解读

ZHONGHUARENMINGONGHEGUO ZHIYEBINGFANGZHIFA JIEDU

编著/全国人大常委会法制工作委员会社会法室

经销/新华书店

印刷/三河市紫恒印装有限公司

开本/880毫米×1230毫米　32开　　印张/9　字数/217千

版次/2016年8月第2版　　2017年6月第2次印刷

中国法制出版社出版

书号ISBN 978-7-5093-7696-6　　定价：35.00元

北京西单横二条2号　　值班电话：66026508

邮政编码100031　　传真：66031119

网址：http：//www.zgfzs.com　　编辑部电话：66075800

市场营销部电话：66033393　　邮购部电话：66033288

（如有印装质量问题，请与本社编务印务管理部联系调换。电话：010-66032926）